£2400.

OEUVRES

DE M. A. DE

LAMARTINE

LE CONSEILLER DU PEUPLE.

Edition des Abonnés

DU

CONSEILLER DU PEUPLE.

OEUVRES

DE M. A. DE

LAMARTINE

—

LE PASSÉ, LE PRÉSENT, L'AVENIR

DE LA

RÉPUBLIQUE.

PARIS
AU BUREAU DU CONSEILLER DU PEUPLE,
RUE RICHELIEU, 85.

1850.

N. Chaix et Cie, rue Bergère, 20.

LE CONSEILLER DU PEUPLE.

Première Partie.

LE PASSÉ, LE PRÉSENT, L'AVENIR DE LA RÉPUBLIQUE.

ADRESSE AU PEUPLE.

CHAPITRE Ier.

Sous la monarchie, les deux Chambres rédigeaient tous les ans, en réponse au discours de la couronne, une adresse au roi dans laquelle on exposait, avec plus ou moins de sincérité, la situation générale du royaume, et où l'on traitait très-brièvement des deux ou trois affaires principales de l'État. Cela suffisait dans un temps et dans un régime où le peuple n'avait pas besoin de connaître les affaires, puisqu'il n'avait dans les affaires ni l'œil, ni la volonté, ni la main ; dans un temps où le gouvernement de trente-six millions d'âmes n'appartenait qu'à deux cent soixante mille citoyens politiques appelés électeurs, à deux cents pairs de France, à quatre cents députés et à une dynastie. Qu'importait alors que le reste de la nation, c'est-à-dire trente-cinq millions et demi de citoyens sans droit, sans avis et sans action politique, prît connaissance de la véritable situation des choses, des esprits, de l'Europe, du gouvernement? Il leur suffisait de lire une fois par an le bulletin des lois pour savoir à quoi ils devaient obéir, et la cote de leurs contributions, envoyée par le percepteur, pour savoir combien ils avaient à payer. Obéir et payer, c'était alors tout l'homme ; connaître, juger, apprécier, délibérer, vouloir, choisir, élire, puis obéir volontairement et religieusement à la loi, devenue volonté générale, c'est aujourd'hui le citoyen.

Ces deux conditions, si différentes entre le sujet non consulté de la loi, sous la monarchie, et le citoyen, auteur et exécuteur de la loi, sous la République, nécessitent des conditions très-différentes aussi dans la nature de publicité à donner aux affaires et dans les éléments de notions politiques à donner au peuple. CONNAIS-TOI TOI-MÊME est la première nécessité d'une nation que l'état républicain appelle à se gouverner elle-même. C'est donc au peuple aujourd'hui qu'il faut adresser, sur la situation vraie de la République, sur l'ensemble et sur les détails de toutes les affaires, ces rapports qu'on rédigeait jadis pour les rois; c'est au peuple qu'il faut présenter le miroir fidèle de toutes les idées et de tous les faits qui sont visibles à l'horizon de l'année écoulée, à l'horizon de l'année future, en lui disant : Regarde-toi tel que tu es ! Regarde les choses, regarde les hommes ! regarde la route ! regarde les événements, regarde les progrès accomplis ! regarde les dangers qui te menacent ! regarde les maux dont les factions t'affligent, regarde les biens dont la Providence t'a béni ! et agis, prévois, pourvois, choisis ; gouverne-toi sur ces renseignements, auxquels tu peux te fier, parce qu'ils te sont donnés en plein jour, à haute voix, et sous la responsabilité de noms qui signent leurs paroles.

C'est ce qui m'a inspiré l'idée de récapituler brièvement, à l'usage des hommes qui n'ont pas le temps de lire chaque matin l'innombrable quantité de feuilles publiques, les principaux événements depuis la fondation de la République, d'analyser les faits, les idées, les doctrines, les opinions, les illusions, les vérités qui se disputent l'intelligence des masses, et de rédiger cette espèce de rapport général sur la situation de l'Europe et de la France sous la forme d'adresse au peuple. Ce n'est pas le tout, ce n'est pas même le principal, sous la République, que de gouverner par les lois, il faut encore gouverner par les âmes ! Or, qui est-ce qui gouverne les âmes ? C'est la vérité. Voici donc, autant qu'un homme peut se flatter de la voir et de la dire, la vérité sur notre situation.

POLITIQUE GÉNÉRALE.

§ Ier.

Un événement inattendu, de force majeure, dont personne n'est coupable, dont personne n'est innocent, un tremblement soudain de trône a renversé, le 24 février, la monarchie de la branche cadette des Bourbons. Le roi s'est retiré des Tuileries et de la France, la Chambre des députés a disparu dans un immense soulèvement; la garde nationale s'est unie au peuple; l'armée, sans chef, est demeurée l'arme au bras, attendant la volonté de la nation; la Constitution de 1830 s'est évanouie dans le sang de la guerre civile; un gouvernement provisoire s'est formé de lui-même à l'Hôtel-de-Ville pour arrêter le sang et pour gouverner l'anarchie; il a proclamé le régime républicain provisoire, sous la condition de la ratification de ce gouvernement par la représentation nationale nommée par tous les citoyens. L'Assemblée nationale, ainsi convoquée et élue, est arrivée à Paris le 4 mai. Elle a, à l'unanimité, proclamé la République. Les puissances étrangères, rassurées sur les intentions de la République française par les actes et les manifestes du Gouvernement provisoire, ont successivement reconnu le nouveau gouvernement de la France. La paix extérieure a été préservée. L'Assemblée constituante a nommé, pour remplacer le Gouvernement provisoire, une commission exécutive de cinq membres pour gouverner par *interim* jusqu'à l'achèvement de la Constitution. Quelques jours après, la partie du peuple nomade, oisif, vagabond et factieux de Paris, mécontent de voir que la représentation légitime de la France venait lui enlever la dictature et l'anarchie, s'est soulevée à la voix des clubs anarchiques, et a envahi, violé, outragé, dissous pendant quelques moments l'Assemblée. Les clubs, vainqueurs par surprise, sont allés à l'Hôtel-de-Ville installer un gouvernement de violence et de faction. Nous avons marché sur l'Hôtel-de-Ville une heure après, arrêté ce gouvernement insurrectionnel des clubs, étouffé cette seconde révolution dans son germe. Paris tout entier s'est levé à notre voix; les gardes nationaux des départements voisins sont accourus en armes. L'Assemblée constituante a été vengée et réinstallée avant la nuit. Elle a fait en paix la Constitution.

§ II.

Le 25 juin, les cent vingt mille hommes des ateliers nationaux, qui avaient été soldés jusque-là par la République pour prévenir la misère de la classe ouvrière pendant la cessation forcée du travail et pour garantir de tout prétexte de dommage les propriétés des citoyens, voyant que le gouvernement allait les dissoudre et les renvoyer à des ateliers sérieux de travail utile dans les départements, se sont insurgés sous l'impulsion de quelques clubs démagogiques de Paris. Le gouvernement les a combattus trois jours avec la garde mobile, la garde nationale et l'armée. Beaucoup de sang généreux a été versé par les insurgés ; ils ont été vaincus partout. L'Assemblée nationale, trompée, soupçonnant à tort le gouvernement de négligence, de faiblesse, ou même de complicité avec les révoltés, a destitué les membres de ce gouvernement pendant qu'ils décidaient la victoire par leurs mesures, et pendant que quelques-uns d'entre eux combattaient de leur personne contre les barricades et affrontaient les balles et le poignard des factieux. Les membres du gouvernement, en citoyens dévoués même à l'injustice, résignèrent leurs pouvoirs, sans se plaindre, entre les mains de la souveraineté nationale. Le général Cavaignac, déjà ministre de la guerre sous la commission exécutive, et qui avait combattu sous ses ordres, fut nommé par l'Assemblée constituante chef du pouvoir exécutif à la place de la commission. Il acheva la victoire de l'ordre et en recueillit la reconnaissance publique. L'état de siége fut proclamé; dix mille insurgés furent arrêtés et condamnés à la transportation ; tout se calma; la Constitution républicaine fut votée ; la nomination du pouvoir exécutif dans la personne d'un président de la République fut remise au peuple. Le peuple, le 10 décembre 1848, nomma Louis-Napoléon Bonaparte président de la République française.

§ III.

Le président nomma son premier ministère. Le président avait trois partis à prendre dans le choix de son ministère :

Prendre son ministère dans les rangs des républicains de février et parmi les membres modérés du gouvernement provisoire ;

Prendre ses ministres dans les rangs des hommes de 1830, soupçonnés, par leur situation, de ressentiments naturels contre la révolution qui les avait renversés ;

Enfin, prendre son ministère parmi les hommes libéraux de l'ancienne opposition centre-gauche, qui n'avaient ni intérêt personnel dans la révolution accomplie, ni hostilité contre la République, mais qui l'avaient adoptée sincèrement et par pur patriotisme, comme la seule forme de gouvernement aujourd'hui propre à encadrer la démocratie et à consolider la société sur la base de la souveraineté inébranlable et de la raison organisée de tous les citoyens. C'est le parti très-sage, selon nous, que prit le président de la République. Il se plaça, comme il devait le faire, en dehors et au-dessus des partis ; il voulut offrir à tout le monde une République impartiale. Pour une République impartiale il fallait un ministère d'hommes honnêtes, éclairés, fermes, mais neutres entre les partis. Cette pensée était d'un homme de bien et d'un homme d'État. Elle popularisa le chef du gouvernement dans la masse raisonnable du pays et dans l'esprit de l'Europe.

Quelques jours après l'installation du président, des symptômes d'émeute se manifestèrent autour de l'Assemblée nationale; les clubs, ce gouvernement convulsif de l'anarchie en France, parurent vouloir, comme au 19 mars, comme au 16 avril, comme au 15 mai, comme au 23 juin, livrer bataille au gouvernement régulier, décimer la représentation, substituer la souveraineté de l'attroupement à la souveraineté du peuple. La troupe et la garde nationale n'eurent qu'à se lever pour faire disparaître ces rassemblements. L'Assemblée constituante termina ses travaux et remit ses pouvoirs à l'Assemblée législative.

§ IV.

A peine l'Assemblée législative était-elle installée, que la minorité des républicains d'exagération et de turbulence, s'alliant avec les chefs de sectes socialistes et communistes, suscita de perpétuels orages dans la représentation, demanda la mise en accusation des ministres, puis la mise en accusation du président de la République, puis enfin proféra la menace de l'appel aux armes. Une manifestation populaire qui n'avait sans doute pas les intentions de celle du 15 mai, mais qui avait les mêmes dangers, et qui avait de plus des armes parmi ceux qui la soutenaient dans la rue, s'organisa au Conservatoire des Arts-et-Métiers, forte de la présence de quelques représentants du peuple, et se mit en marche, par les boulevarts, vers l'Assemblée nationale. Mais les ouvriers et le peuple de Paris virent avec tristesse et dégoût passer cette colonne, dernière manifestation du règne de popularité des clubs anarchiques. Ils sentirent ce qu'il y avait de témérité et de démence dans cette tentation à la guerre civile. Ils l'abandonnèrent à sa propre faiblesse. L'armée, toujours fidèle au véritable peuple, fit son devoir en protégeant l'ordre contre ces retours mortels à la République d'une perpétuelle agitation. Un peloton de cavalerie, sans tirer même le sabre, dispersa cette révolution en fuite avant d'avoir combattu. Les chefs, assaillis au Conservatoire des Arts-et-Métiers, s'évadèrent par les issues du jardin. Les mouvements de même nature concertés ou simultanés de quatre ou cinq départements avortèrent avec celui de Paris. Lyon seul eut à déplorer quelques gouttes de sang versé dans l'émeute des ouvriers d'un de ses faubourgs. La coalition de la démagogie et des socialistes, grosse de bruit, faible de nombre, s'évanouit dans son impuissance. Les clubs anarchiques, ces volcans portatifs allumés au souffle de cinq ou six agitateurs par département, et incompatibles, dans leur anarchie actuelle, avec l'existence d'un gouvernement quelconque en France, furent fermés. L'imagination publique se rassura; le crédit remonta; le travail reprit dans les grands centres manufacturiers du pays. La République, que les terroristes, les anarchistes, les clubistes et les socialistes radicaux dépopularisaient partout par leurs menaces, par leurs vociférations, par leurs systèmes, par leurs violences, regagna par le rétablissement gradué de l'ordre tout ce qu'elle avait perdu dans les esprits par les folies, par les tyrannies et par les excès de ses faux amis. Dès qu'on ne vit plus la démagogie, on reconnut et on aima la République.

Cependant on ne régularise pas en un jour une immense révolution. L'organisation de la démocratie est l'œuvre continue et successive d'un siècle. Comprenons bien quelle est la nature de république que la France de 1848 veut instituer en rapport avec sa nature, ses pensées et ses intérêts actuels.

CHAPITRE II.

DES DIFFÉRENCES ESSENTIELLES ENTRE LA RÉPUBLIQUE DE 1793 ET LA RÉPUBLIQUE DE 1848.

§ Ier.

L'habitude des hommes peu éclairés et peu versés dans l'étude de l'histoire, c'est de confondre dans un même mot des choses totalement différentes. Ainsi, comme le mot de république est adopté depuis des siècles pour exprimer un gouvernement dans lequel le peuple ou bien une portion du peuple se gouverne lui-même sans roi, afin de rester perpétuellement maître de modifier son gouvernement et ses lois, nous avons adopté, en 1848, comme tout le monde, le mot de république, pour définir notre nouveau gouvernement.

Qu'en est-il résulté? deux inconvénients qu'il importe de signaler et de corriger dès le début.

Le premier de ces inconvénients, c'est que les anarchistes, et il y en a toujours une certaine quantité dans la masse, dans le fond, dans la lie d'un peuple, se souvenant que la première République avait commis des excès et des crimes, ont cru que l'ère des excès, des proscriptions et des crimes se rouvrait devant eux. Ils sont sortis, en conséquence, de leurs repaires; ils se sont manifestés dans certains clubs, et ils ont dit : La République, c'est notre règne!

Le second de ces inconvénients, c'est que les bons citoyens, intimidés par les souvenirs des violences, des oppressions, des confiscations, des émigrations, des captivités, des proscriptions et des assassinats juridiques de 1793, en entendant proclamer le gouvernement républicain, ont cru entendre proclamer le gouvernement de la spoliation, de la terreur et de la guillotine, et voir se lever sur eux et sur leurs enfants le fantôme d'une autre Convention.

De là, audace dans les uns, effroi dans les autres, suspension momentanée de mouvement dans la nation. Pour revenir de ces deux préjugés, une minute de réflexion suffit aux hommes d'État, un an à un peuple. Réfléchissez donc.

§ II.

La république en 1792 et 1793 n'était pas un gouvernement; c'était une révolution, un écroulement complet d'une société finie, une bataille à mort entre un ordre de choses qui voulait naître et un ordre de choses qui ne voulait pas mourir; tout le vieux monde féodal, despotique, aristocratique, sacerdotal, qui s'engloutissait devant le nouveau monde national et plébéien dans le sens large de ce mot. Il y avait une royauté qui ne voulait pas céder son titre soi-disant divin à la propriété de la nation, une église temporelle qui ne voulait pas céder sa domination exclusive de la conscience du genre humain, et l'immense apanage de terres, de dîmes, de propriétés retirées de la circulation et du patrimoine commun des familles pour doter à perpétuité une idée immuable dans un clergé propriétaire. Il y avait une cour qui ne voulait pas céder l'administration aux provinces, une noblesse qui ne voulait pas céder l'égalité de droits, de rang, de représentation au *tiers état*, c'est-à-dire à la bourgeoisie; des castes, des ordres, des corporations, des priviléges, des exemptions d'impôts et de service militaire, des monopoles du commandement de l'armée et de la marine par les seuls gentilshommes, des magistratures qui se vendaient à l'encan, des droits de rendre la justice qui s'achetaient comme un commerce et qui se transmettaient comme un héritage. Rien de tout cela ne voulait consentir à s'exproprier au profit de la nation, du trône, des dignités, des abus, des immunités consacrées par le temps, des droits, des monopoles, des iniquités passées en habitude, des féodalités, des abbayes, des dîmes ecclésiastiques, des rangs, des castes, des priviléges. Il y avait à côté, sur le même sol, sous le même soleil, avec les mêmes lumières et les mêmes droits naturels, un peuple de 24 millions d'hommes expropriés; relégués, bannis de leur souveraineté, de leur liberté, de leur égalité, de leur propriété, de leur titre de citoyens, de leurs dignités morales, de leur indépendance de conscience dans le culte, de leur volonté représentée par le gouvernement, voulant reconquérir tout cela, et soulevés par le plus irrésistible des soulèvements, le soulèvement de la justice et des droits dans l'âme contre l'ordre de choses qui leur enlevait leur part d'humanité, de nationalité, de cité.

De là, vous le comprenez, une lutte inévitable et terrible; les uns voulant trop retenir, les autres voulant tout arracher. Entre les combattants, un roi bon, honnête, juste, mais tiraillé tantôt d'un côté, tantôt de l'autre, faible dans les concessions, faible dans les résistances, arbitre d'abord, puis bientôt accusé d'être un arbitre partial, suspect aux deux partis, compromis par les émigrés et par sa famille, renversé de son trône, conduit au supplice, martyrisé pour sa vertu. Son sang trace un abîme entre les rois de l'Europe et la France; la guerre étrangère se déclare; elle devient guerre civile par la présence des émigrés et des princes français, qui reviennent comme Coriolan envahir leur patrie; la guerre de religion s'y mêle dans la Vendée, quand la révolution devient persécutrice à son tour; la France est en feu, les partis s'accusent de trahison les uns les autres. Dans cette confusion générale de trois ou quatre conflagrations, les hommes de tyrannie et de sang s'emparent tour à tour du gouvernement et installent la République sur un échafaud; elle tombe avec eux dans le sang qu'elle a répandu et dans l'horreur du peuple. Voilà la première République ou plutôt voilà l'horrible boucherie de choses et d'hommes que l'on a appelée de ce nom, et qui a calomnié pour longtemps dans l'imagination de l'Europe le mot de république!

§ III.

Qu'y a-t-il de semblable en 1848? Rien. La vieille monarchie absolue est tombée depuis soixante ans; la monarchie despotique de l'Empire s'est écroulée sur sa base de fer; les deux monarchies modérées et constitutionnelles de la Restauration se sont abîmées en deux règnes orageux et courts, dont le dernier s'est achevé dans l'exil; la monarchie élective de la maison d'Orléans n'a pas pu se soutenir davantage sur le principe d'illégitimité que la monarchie de la branche aînée n'a pu se soutenir par le principe de légitimité. Un vent de quelques heures, venu on ne sait d'où, a emporté cette dernière tentative de royauté au-delà de l'Océan. Le peuple, accoutumé à se gouverner lui-même par les assemblées, n'est point effrayé du vide laissé par le trône qui l'embarrasse ; il proclame d'un commun accord le gouvernement républicain. Il n'a pour le rendre acceptable et invincible qu'un seul acte véritablement révolutionnaire à faire, c'est de supprimer la seule aristocratie qui reste, l'aristocratie électorale, et de conférer à tout citoyen la part légitime de souveraineté dans le droit de suffrage ; il le fait, et tout est dit : tout le monde a monté, personne n'a descendu ; tout le monde applaudit, personne ne proteste, personne ne résiste, personne n'émigre. A quel titre persécuter, dépouiller, ou tuer quelqu'un, comme en 1793 ? Le gouvernement le sent si bien, qu'il abolit l'échafaud le surlendemain de la République. Cette société ainsi réformée, affranchie, égalisée de droits, nivelée de rangs, devenue véritablement démocratique, c'est-à-dire UNE et UNIFORME, depuis 89, n'a rien à détruire, et elle n'a qu'une chose à défendre, la propriété, base de la famille et lien de la société. Mais cette propriété, égale pour tous, accessible à tous, inviolable dans tous, est le domaine commun de tous ; tous ont un intérêt unanime à la préserver, à l'utiliser, à la généraliser, à la conserver aux générations à naître.

§ IV.

A l'instant, la République de 1848, au lieu d'être

révolutionnaire et spoliatrice, comme en 93, devient, par logique et par instinct, conservatrice et progressive. Cela doit être, cela est et cela sera ! Vous aurez beau torturer les choses et les mots, vous ne ferez rendre à une institution que ce qu'il y a dans un peuple. Ce peuple n'est pas un peuple de guerre civile, aujourd'hui, car il est un ! Ce peuple ne pillera pas, car il est propriétaire ! Ce peuple ne tuera pas, car il n'a aucune raison de fureur et de meurtre ! Ce peuple n'aura point de victimes, car il n'a point de bourreaux ! Si le mot de république, en 1793, a pu être écrit en lettres de feu et de sang; le mot de république, en 1848, ne peut être écrit qu'en lettres d'or et de paix. Les révolutions légitimes, comme les femmes probes, n'enfantent jamais que ce qu'elles ont légitimement conçu. Les terroristes posthumes de 1848 ne changeront pas la République dans son berceau. Dieu et la France sont là. Détruire était le mot de 93; améliorer est le mot de 1848.

CHAPITRE III.

POURQUOI LA RÉPUBLIQUE EST-ELLE APPELÉE DÉMOCRATIQUE, ET POURQUOI NE L'APPELLE-T-ON PAS SOCIALE ? — OU DU VRAI ET DU FAUX SOCIALISME.

§ Ier.

Voici pourquoi on appelle, dans la Constitution, la République *démocratique :*

Il y a plusieurs natures de républiques, c'est-à-dire de gouvernements sans rois et sans dynasties, qui ne sont pas néanmoins des gouvernements du peuple tout entier, c'est-à-dire qui ne sont pas des démocraties.

Il y a eu des républiques patriciennes et plébéiennes, comme à Rome autrefois, où un sénat de patriciens héréditaires possédait héréditairement une partie du gouvernement de la république, pendant que les familles plébéiennes possédaient une autre portion du pouvoir, et que les esclaves, les ilotes, les étrangers à la ville capitale de la république ne possédaient rien.

Il y a eu des républiques oligarchiques, comme à Venise, où quelques centaines de familles souveraines formèrent des conseils de gouvernement secrets, absolus, ombrageux, terribles, et exercèrent sous le nom de république une tyrannie ombrageuse, jalouse, pleine de délations et de piéges, républiques sous la forme de l'inquisition.

Il y a eu des républiques aristocratiques, comme jadis en Pologne, où quelques milliers de nobles opprimèrent, dépouillèrent, avilirent des millions de serfs, élirent et déportèrent des chefs qu'ils appelèrent rois, et se disputèrent perpétuellement, les armes à la main, le pouvoir à la fois violent et anarchique dans des *diètes* ou dans de grands *clubs* d'aristocrates à cheval et en plein champ; ces républiques furent tout bonnement des anarchies militaires et chevaleresques; elles saignèrent, elles sucèrent le peuple; elles agitèrent leur pays jusqu'à ce qu'elles l'eussent démembré et livré au joug étranger.

Il y a des républiques municipales, fédérales, comme en Hollande, en Allemagne, en Italie, en Amérique, où différents États ayant des législations diverses et des gouvernements particuliers, se liguent en républiques confédérées.

Il y a des républiques théocratiques ou sacerdotales, avec un chef élu par un conclave de dignitaires ecclésiastiques, comme le gouvernement de Rome sous la papauté.

Il faut donc, quand on s'appelle république, définir dans sa constitution de quelle république on veut parler.

La République française de 1848 est une république démocratique, c'est-à-dire une république qui ne reconnaît ni tyrannie héréditaire d'un petit nombre de gouvernants, ni aristocratie investie du privilége de gouverner seule, ni fédération de départements ou de provinces se gouvernant chacun à sa manière, ni castes supérieures ou inférieures en autorité à d'autres castes, ni noblesse, théocratie, sacerdoce ou église possédant, à l'exclusion d'autres classes, le gouvernement; mais cette nature de république ne reconnaît pour souveraineté que la volonté de la démocratie ou du peuple. Or, il a été bien expliqué par tous que par ce mot *peuple* ou par ce mot *démocratie*, on n'entend pas le renversement de la tyrannie et du privilége, mais l'abolition de tout privilége et de toute tyrannie; on n'entend pas arracher le monopole du gouvernement à la partie riche, éclairée, aisée, propriétaire, lettrée de la nation, pour le donner, par un autre privilége qui serait encore plus abusif, car il serait plus contre nature, à la partie pauvre, laborieuse, sans loisir, sans indépendance, sans instruction générale et sans responsabilité d'intérêt et de lumière de la multitude; ce serait remplacer une iniquité par une autre iniquité, et, de plus, ce serait tenter l'impossible, car la multitude sans loisir, sans instruction, sans indépendance et sans lumières générales, ne garderait pas trois mois la tyrannie qu'on lui aurait remise. Cette tyrannie, la plus odieuse, la plus immorale et la plus cruelle de toutes, car elle serait la plus ignorante, la plus aveugle et la plus brutale, se dévorerait elle-même après avoir dévoré le reste de la nation. Elle donnerait promptement la dictature au plus scélérat, selon l'expression de Danton lui-même. Au lieu du gouvernement de la vraie démocratie, vous auriez installé la tyrannie du crime ! Dieu et les hommes se retireraient de vous ; vous feriez d'abord peur, puis horreur, puis bientôt pitié au genre humain.

§ II.

Non ; on entend par *démocratie* et par *peuple* la famille française *tout entière*, la nation dans sa généralité la plus complète dans toutes les classes, dans tous les modes d'existence, de situation, de professions qui la composent, riches, pauvres, anciennes aristocraties, nouvelles bourgeoisies, bourgeoisies tous les jours ascendantes, prolétaires s'élevant par l'industrie et la propriété à l'aisance, au loisir, aux professions libérales, grands propriétaires, moyens propriétaires, petits propriétaires, grands industriels, moyens industriels, petits industriels, grands commerçants, moyens commerçants, petits commerçants, agriculteurs, magistrats, militaires, marins, prêtres, artisans, artistes, lettrés, ouvriers de l'outil, ouvriers de l'intelligence, ouvriers de la main, les uns vivant et bénéficiant de la terre, les autres de la mer, ceux-ci de leur esprit, ceux-ci de leur fonction dans l'État, ceux-ci de leur plume, ceux-ci de leur main, ceux-ci de leur épée, ceux-là de leur atelier ou de leur sillon; ceux-ci montant, ceux-là descendant pour remonter à leur tour la roue de la fortune et de la propriété, tous citoyens néanmoins à titre égal, c'est-à-dire à titre de membre de la famille nationale, de créature de Dieu, de frère de l'homme ; tous honorés au même degré s'ils en sont dignes, quelle que soit la part, grosse ou petite, de l'héritage commun, que la naissance, l'hérédité, le travail, le succès ou le revers, la faveur, la bénédiction ou la rigueur de la Providence leur assignent; tous soumis, sous des conditions d'existence nécessairement diverses, à une loi uniforme et sans partialité pour aucun; mosaïque immense de familles, de professions, de propriétés, d'aisances, de repos, d'efforts, de loisirs, de travail, de bien-être, de besoins assistés, dont l'ensemble compose un peuple. Leur volonté interrogée légalement dans chaque individu raisonnable et moral compose la moyenne sincère de la souveraineté et de la volonté de tous. Voilà la démocratie, voilà la république démocratique, c'est-à-dire l'unité du peuple, au lieu de la séparation privilégiée des classes, l'universalité du gouvernement, au lieu du privilége du gouvernement en haut, qu'on appelle aristocratie, ou du privilége du gouvernement en bas, qu'on appelle démagogie. Nous n'avons voulu ni de l'un ni de l'autre. L'aristocratie humilie les peuples avancés; la démagogie les tue, les démembre et les dévore. La république démocratique ne reconnaît ni aristocratie ni démagogie; elle ne veut pas deux peuples, ni trois peuples, ni dix peuples dans la nation, elle n'en veut qu'*un*.

§ III.

Mais si elle est démocratique, n'est-elle pas aussi sociale au fond, c'est-à-dire ne tend-elle pas par son institution même, qui est l'universalisation et la souveraineté entre toutes les classes, à l'amélioration des conditions sociales et de la situation réciproque de toutes les existences dans le cadre de la société générale?

Expliquons-nous!

Sans aucun doute, toute révolution politique est nécessairement sociale aussi par certains côtés. Car pourquoi fait-on une révolution politique, si ce n'est pour conquérir au bénéfice général des idées ou des intérêts légitimes de l'humanité certains progrès ou certaines améliorations dans l'âme, dans l'intelligence, dans la dignité, dans la liberté, dans l'égalité, dans l'ordre, dans la répartition plus équitable et plus avantageuse à la fois à tous, des charges et des profits de la société? Il n'y a que les tribuns, les ambitieux ou les tyrans qui font des révolutions pour eux-mêmes. Quand Clodius troublait Rome, ameutait le peuple, brûlait la maison de Cicéron, c'était pour être consul; quand César détruisait par ses adulations à la populace et par la main des soldats la constitution de la république, c'était pour n'avoir point de rival en puissance et en popularité; quand Bonaparte, au lieu de se dévouer à la liberté, de la soutenir et de la réformer au 18 brumaire, prenait la dictature à Saint-Cloud, à la pointe des baïonnettes d'une poignée de soldats, c'était pour être libre d'exploiter pendant dix ans le nom, l'or et le sang de trois millions d'hommes, au profit de sa propre gloire. Mais de ces révolutions-là, nous n'en parlons pas ici; nous parlons de celles qui se font pour une idée, pour un peuple, pour un progrès, et non pour un homme.

§ IV.

Il est très-évident que ces révolutions, et la révolution de 1848 est de cette nature, ont pour objet, en changeant ou en remplaçant une forme de gouvernement par une autre, d'améliorer la civilisation, de perfectionner les rapports civils des classes entre elles, des hommes entre eux, et de rendre la société plus juste, plus bienfaisante, plus divine dans son esprit et dans ses lois. La république sortie de cette dernière révolution est tout à la fois démocratique et sociale dans le sens philosophique religieux, et par conséquent honnête et conservateur du mot société.

Aussi quand le peuple de Paris, dans le premier accès de son enthousiasme véritablement magnanime, me disait, le fusil à la main, les larmes aux yeux : — « Citoyen, la République que nous saluons et pour » laquelle nous sommes prêts à mourir, sera-t-elle » sociale? » — Je répondais à ce peuple : « Oui, mes » amis! Mais distinguons bien afin de ne pas nous » promettre des choses ambiguës que nous ne pourrions » pas nous tenir. Entendez-vous par social le » déplacement des bases éternelles de la société, la » réforme radicale de la famille, de la propriété, de » l'industrie, de la concurrence, des salaires, des » terres, des fabriques, des commerces, les subversions, » les organisations prétendues du travail se » substituant à l'indépendance des capitaux et à la » liberté des travailleurs? Non! Dans ce sens la République » ne vous promet pas l'absurde, l'impossible, » le chaos! Mais entendez-vous comme nous que la » République sera l'avénement du peuple tout entier » au pouvoir, sera la providence vigilante et équi-

» table des vrais intérêts du peuple; qu'elle fera ins-
» truire là où il y a ignorance, qu'elle fera travailler
» là où il y aura chômage, qu'elle fera secourir là
» où il y aura souffrance, qu'elle créera successive-
» ment, d'année en année, à proportion de ses forces
» et de vos besoins, ce système complet d'insti-
» tutions d'enseignement, d'adoption des enfants
» des pauvres, les adoucissements possibles aux
» rigueurs de la concurrence, de protection aux
» faibles, de proportionnalité dans l'impôt (mais non
» de progressivité, odieux *maximum* sur la propriété,
» et par conséquent anéantissement du capital natio-
» nal); qu'elle aura des asiles pour les enfants aban-
» donnés, des écoles plus multipliées pour les pro-
» fessions laborieuses, des taxes communales pour
» les indigents, des médecins gratuits pour les ma-
» lades, des retraites pour les vieillards sans famille,
» des assistances pour tous les dénuements immé-
» rités qui affligent les peuples industriels plus que
» les autres peuples; en un mot, qu'elle réalisera
» progressivement en lois et en institutions de bien-
» faisance réciproques, cet esprit divin de solidarité
» des classes et de fraternité des citoyens, qui a
» passé de l'inspiration de Dieu dans le christia-
» nisme, et qui doit passer avec le temps du chris-
» tianisme dans la législation des démocraties et des
» républiques? Oui! voilà la seule république *sociale*
» que nous vous engageons à vous donner! » —
« C'est cela! c'est cela! » s'écriait le peuple, à l'exception d'un petit nombre de fanatiques insensés qui

croient apparemment que pour réparer et améliorer un édifice, il faut commencer par faire éclater un volcan sous les fondations.

§ V.

Ce cri du peuple vainqueur et sage dans sa victoire en février, est la seule et véritable définition du mot social appliqué à la république, et ce mot y eût été ajouté à l'unanimité par l'Assemblée constituante, si les clubs anarchiques, les soulèvements des démagogues au 15 mai, les insurrections des prolétaires radicaux en juin, et les propagandes des sectaires socialistes, prenant pour drapeau le drapeau rouge et pour cri de ralliement *à bas les riches, guerre à la terre, à la propriété, à l'industrie, au commerce, à la famille, à la liberté et à la société tout entière*, n'avaient pas appelé leur croisade contre le genre humain la guerre sociale, et n'avaient pas ainsi donné à la république sociale une signification de radicalisme armé, de démagogie, de terreur, de bouleversement et de chaos qu'aucune nation civilisée n'acceptera jamais, à moins d'être renversée de fond en comble dans ses foyers saccagés, et d'avoir sur la gorge le glaive de Babeuf et de Marat!

§ VI.

Ainsi, vous le voyez, il y a un socialisme vrai et

graduellement applicable à la République : c'est celui que le peuple demande et que nous lui promîmes en le définissant en février ; c'est celui qui respecte et qui relie plus fortement les membrures de la société, cette arche de la famille humaine ; c'est celui qui corrige, qui améliore, qui élève, qui perfectionne les conditions et les rapports des hommes entre eux, en enrichissant le pauvre sans dépouiller le riche, et en faisant fraterniser dans la concorde, dans le travail et dans l'assistance mutuelle, les conditions, les professions, les existences nécessairement inégales, parce qu'elles sont nécessairement diverses, de ces innombrables fonctions, nécessairement diverses aussi, dont l'ensemble compose une nation en société.

Il y a un socialisme faux et mortel, c'est celui qui consiste à saper les assises fondamentales sur lesquelles reposent la patrie, la nation, la famille, la propriété, la morale, la liberté des industries, la civilisation. C'est celui que la République a eu à combattre, c'est celui dont elle triomphera sans aucun doute, comme la vie triomphe nécessairement de la mort dans un corps que Dieu a destiné à ne jamais périr. C'est le cinquième ou sixième accès de cette maladie de *l'utopie*, arrivée à l'état de fièvre et de *transport au cerveau* dans quelques rêveurs, suivis pendant quelques mois par une bande de prolétaires fanatisés. Ce n'est plus la sagesse, c'est la démence du progrès ! Ces accès sont courts ; ils affligent la raison, ils alarment les imaginations faibles, ils inquiètent par leurs cris et par leurs gesticulations la propriété; ils tarissent le luxe, cette mamelle du travail ; ils font enfouir le numéraire, qui a peur d'être dérobé ; ils paralysent les manufactures, qui craignent que leurs produits ne soient plus consommés; ils endurcissent le riche par les menaces qu'on lui adresse ; ils affament l'ouvrier et le pauvre sous prétexte de l'enrichir ! Mais ces accès ne se propagent jamais au-delà d'un certain temps et de certaines tentatives, aussitôt réprimées que conçues.

§ VII.

Il y en eut un accès au commencement du christianisme mal compris. Quelques moines et quelques prêcheurs, confondant le principe divin de charité, de fraternité et de communauté des âmes, le communisme du sentiment, en un mot, avec le communisme des biens, l'extinction de la propriété et la suppression de la famille, prêchèrent l'égalité des parts sur le sol, la condamnation des propriétaires, le fanatisme du célibat. Le vrai christianisme revint sur leurs pas, reconnut et sanctifia tout cela en rougissant des exagérations de ses sectaires. Il n'en resta rien que quelques institutions oisives et mendiantes, qui n'auraient même pas pu mendier s'il n'y avait pas eu des propriétaires et des travailleurs pour les nourrir d'aumône et d'oisiveté.

Il y eut un de ces accès en Orient quelque temps après Mahomet. Les mahométans socialistes se rassemblèrent en armée nombreuse et fanatique dans les montagnes de *Tauris*. La désorganisation se mit à l'instant parmi eux, la disette les poussa sur les provinces voisines; ils saccagèrent quelques villes, enlevèrent les biens et les femmes de quelques tribus. L'Orient tout entier se leva contre eux; ils fondirent dans leur sang comme un rêve de barbares.

Il y eut un de ces accès en Allemagne du temps des anabaptistes. Les communistes des bords du Rhin établirent leur religion de la communauté des biens et des femmes pendant quelques mois. Ces mois de délire ne furent qu'une orgie et qu'une extermination continues, jusqu'à ce que les chefs se pendirent les uns les autres, et que les sectaires finirent par être décimés jusqu'au dernier, et chassés dans les bois comme des bêtes féroces.

Il y eut un de ces accès en Angleterre après *Cromwell*. Une armée de niveleurs ou de communistes ouvriers et paysans anglais, professant tout ce que professent aujourd'hui les clubs communistes, s'avança au nombre de quatre cent mille hommes jusqu'aux portes de Londres. La tour de Babel n'était pas plus confuse que leur système et leurs prétentions opposées; il n'y avait de clair que la dévastation de la propriété. La propriété se leva pour ses foyers; quelques régiments et quelques gardes civiques les dispersèrent en une journée; les restes de cette insurrection sociale s'enfuirent jusqu'aux montagnes d'Écosse, pourchassés, reniés, odieux partout, et couvrirent de leurs débris les sillons du peuple qu'ils avaient voulu exproprier.

Enfin, un dernier accès a saisi en 1830 et en 1848 quelques philosophes spéculatifs, égarés dans les régions de l'idéalité, quelques sectaires crédules au merveilleux, quelques amoureux de l'impossible, quelques prolétaires souffrant de l'oubli et de la dureté des gouvernements envers eux, quelques sociétés secrètes, cherchant dans les convoitises cupides du peuple un levier pour soulever la pierre angulaire de toute société, quelques clubs de démagogues ambitieux et impatients de leur médiocrité, recrutant dans les faubourgs et dans les campagnes l'armée de l'ignorance, du vice ou de la misère autour du drapeau des illusions. N'en craignez rien, que des agitations très-fâcheuses sans doute, mais très-courtes, très-circonscrites et souverainement impuissantes contre la société. On ne combat pas des faits éternels comme la propriété et la famille, avec des rêves d'un jour! Ces doctrines en faisant explosion ne produisent que du bruit et du vent; c'est l'artillerie des fantômes dans *Milton*, avec laquelle des ombres se combattent avec des météores d'idées.

§ VIII.

Et si toutes ces tentatives de socialisme communiste ont ainsi avorté dans la confusion et dans le néant chez des nations composées presque en entier de *prolétaires*, à des époques d'anarchie du monde, et avec le concours de l'esprit de secte et de fanatisme que leur prêtaient les grands mouvements de rénovation religieuse qui ébranlaient l'esprit humain, et qui lançaient les peuples, avec une impulsion surhumaine, dans les hasards et dans le délire des plus téméraires nouveautés, jugez du succès que ces tentatives pourraient avoir dans un temps de lumière, de discussion, de raisonnement comme l'âge du monde où nous sommes ; jugez du succès qu'elles pourraient avoir, surtout en France, où la société est reliée en un faisceau d'organisation, d'unité, de solidarité, de force et de centralisation défensive par le lien d'une administration telle qu'il n'en existait jamais avant notre époque ! Jugez du succès de ces tentatives pour exproprier le genre humain dans un pays qui compte, sur trente-six millions d'âmes, huit millions de propriétaires de terre, douze millions de propriétaires de maisons, six millions de propriétaires de capitaux, de rentes, de banques d'industrie, de commerces, de navigations, de fonctions publiques, de grades, de soldes dans l'armée ou dans la marine, en tout vingt-six millions de propriétaires, dont pas un ne céderait son foyer, son capital, son commerce, sa rente, sa solde qu'avec la vie !

Et ajoutez qu'il n'y a pas un de ces propriétaires qui ne rallie à sa cause et ne recrute dans l'armée défensive de la propriété et de la famille, par le salaire, par la domesticité, par l'affection, par la religion, par le bon sens, par le bon sentiment, un, deux, trois, dix, vingt et jusqu'à des centaines de prolétaires, encadrés eux aussi dans des propriétés quelconques, ne fût-ce que par l'espérance de posséder à leur tour, par la responsabilité de leurs économies et par l'avenir de leurs femmes et de leurs enfants ! Tout compte fait, l'armée du socialisme subversif, armée sans solde, sans organisation, sans subordination, sans discipline, sans unité de plans et de chefs, armée debout aujourd'hui, évanouie demain, armée de volontaires de l'anarchie, ne pourrait se recruter que dans cinq ou six cent mille ouvriers des villes manufacturières dont la misère et la souffrance auraient oblitéré momentanément le sens intellectuel et moral, dans cinq ou six hommes de clubs, de désordre et de perturbation par communes rurales, et dans cette partie nomade, flottante et débordée des villes, qui se corrompt par son oisiveté sur la place publique, et qui roule, à tout vent des factions, à la voix de celui qui crie le plus haut.

Récapitulez bien, vous ne trouverez pas un million d'hommes en France, et quels hommes, pour exproprier un peuple dont la propriété sous toutes ses formes est le caractère, la nature, la vie, le travail, l'instinct, la passion, la religion !... En vérité, quand on fait autour de soi cette revue de la société organisée, armée, propriétaire, et cette revue du socialisme épars, désorganisé, désuni, sans armes, sans trésor, et surtout sans idées, il faut avoir envie de se faire peur à soi-même pour conserver la moindre inquiétude sur cette prétendue expropriation du genre humain ! Sous la Convention elle-même, au plus fort de la terreur, le dogme de la propriété était tellement inhérent au peuple et tellement séparé, dans l'esprit des masses, de la révolution politique qui s'accomplissait dans le sang, que Robespierre et Danton eux-mêmes, sentant qu'ils étaient perdus s'ils toléraient le socialisme, montèrent trois fois à la tribune pour faire les plus foudroyantes professions de foi à la propriété, et qu'ils envoyèrent à Charenton ou à l'échafaud les socialistes prématurés du temps. Du sang, oui ; mais le pillage ou le partage de la propriété, non ! Tel fut le cri de la révolution dans sa fureur, parce que c'est le cri de la nature humaine même dans sa passion. Voilà pourquoi il faut craindre les terroristes ; mais les socialistes, il faut les plaindre, les défier et les ramener au bon sens ! La République en souffre, mais n'en périra pas.

Examinons donc de sang-froid ses affaires au dedans et au dehors.

CHAPITRE IV.

DE L'INTÉRIEUR.

DES PRINCIPAUX PARTIS QUI EXISTENT EN FRANCE, ET DES DANGERS QUE CES PARTIS PEUVENT FAIRE COURIR AU PAYS.

§ Ier.

Nous venons de parler du parti socialiste ; nous avons démontré qu'il fallait déplorer l'existence de ce parti, mais qu'il ne fallait nullement le craindre. Il retarde la reprise du travail et le débordement des capitaux sur le sol et dans les industries ; c'est un mal surtout pour le peuple qui vit de travail et qui absorbe les capitaux en salaires pour les rendre aux capitalistes en produits, comme le sable absorbe les eaux du débordement du Nil pour les rendre en moissons à l'Égypte. Mais l'imagination publique, rassurée sur l'impuissance radicale des socialistes, reprendra bientôt son élasticité ; la sécurité et le besoin d'intérêts et de jouissances feront refluer les capitaux effrayés et inactifs; avec les capitaux, le travail et l'aisance du peuple renaîtront. C'est une affaire de jours et de mois: le temps guérit.

Nous avons vu également que le parti *terroriste* existe réellement et toujours dans une nation, parce que la tyrannie, l'ambition forcenée, la violence et le crime font malheureusement et toujours partie dépravée des éléments de la nature humaine. Nous avons démontré que ce parti de la violence et du crime, qui ne s'est révélé que par quelques assauts désordonnés contre l'Assemblée constituante, par les tentatives avortées du drapeau rouge du 16 avril, du 15 mai et du 23 juin et par quelques vociférations sanguinaires et réprouvées dans les clubs, était un tel contre-sens à la République de 1848, que l'unanimité de la France se lèverait contre ce parti, et qu'il serait noyé dans sa première goutte de sang. La France, républicaine ou non républicaine, n'a aucun entraînement à voir guillotiner ou à se laisser guillotiner par une terreur de fantaisie et pour flatter les souvenirs de quelques parodistes de Danton et de quelques promeneurs de drapeau rouge. C'est du crime, et de plus c'est du crime posthume, une vieillerie exhumée du répertoire de Marat! Quand le crime est devenu une absurdité chez un peuple spirituel comme le peuple français, il n'y a plus rien à demander à Dieu. Ce n'est pas tout d'être odieux, il faut encore être ridicule. Un échafaud élevé au milieu de la France aujourd'hui serait un ridicule sanglant.

§ II.

Ne parlons donc pas de ces deux partis qui ne sont pas des partis, mais des fantaisies de l'oisiveté de quelques clubs. Parlons des grands partis sérieux qui composent la masse du pays, et qui ont leur place et leur rôle dans la vaste scène de la République.

Je ne fais que vous les nommer et je vous les peins d'un trait.

C'est le parti républicain, divisé d'abord en deux fractions, quelquefois séparées, souvent réunies, et que le moindre danger de la République à laquelle ils sont également attachés réunira toujours. Ce parti se compose non-seulement des anciens républicains actifs, militants, conspirateurs de cœur, d'idée ou de mains sous la monarchie pour la cause démocratique; non-seulement du peuple immense privé de sa part de souveraineté élective dans l'ancienne charte dynastique et qui a embrassé avec passion et avec orgueil l'institution républicaine du suffrage universel comme on embrasse un droit personnel, un titre d'honneur et de citoyen, de noblesse civique retrouvée dans les débris d'un monopole et d'un trône renversé; mais ce parti se compose encore maintenant de tous les hommes de dix-huit à trente ans élevés dans l'aspiration libérale des progrès illimités à faire accomplir au temps par l'élargissement et par l'élasticité des institutions démocratiques;

De tous ceux qui consolideraient philosophiquement la démocratie organisée en France comme le dernier mot de la révolution française et du siècle, comme le mot du destin si mal interprété et si mal raturé par Napoléon et par l'empire, ce dernier et court essai des monarchies héroïques;

De tous ceux qui sentaient l'esprit d'avenir, le souffle de Dieu dans les hommes, captif, gêné, opprimé dans l'immuabilité des liens de dynastie, de cour, d'église liée au trône ou de parlement lié aux intérêts d'une seule caste;

De tous ceux qui ont lu les choses antiques ou même les récits de nos temps dramatiques du dernier siècle, et qui, en déplorant les convulsions et les crimes d'une révolution qui commence et qui déborde, ont eu l'imagination remuée néanmoins par la grandeur des courages, des éloquences, des dévouements, des patriotismes, et ont senti que de si grands commencements ne devaient pas aboutir au despotisme d'un homme ou d'une fraction de peuple, mais à la constitution finale, régulière et universelle d'une paisible et glorieuse démocratie;

De tout ce qui est juste, impressionnable, sensible dans tous les rangs de la nation;

De tout ce qui a des ailes au cœur pour voler au bien, au beau et au grand;

De tout ce qui a le feu sacré de l'espérance et de l'amélioration indéfinie dans l'âme;

De toute cette classe de lettrés, d'artistes, d'artisans, de prolétaires de l'intelligence ou de prolétaires de la main, à qui la République a dit : « Vous n'étiez
» que des travailleurs, vous serez des travailleurs en-
» core, mais vous serez de plus des citoyens! L'asso-
» ciation nationale ne se partageait qu'en deux ou
» trois cent mille *actions* politiques qu'on appelait
» les cartes d'électeurs! Vous n'en aviez point, en
» voilà une; prenez votre *coupon* de souveraineté;
» la République est votre propriété comme à nous! »

Si vous faites l'addition de tous les éléments du parti républicain actif, et si vous y ajoutez les femmes, dont l'imagination généreuse et passionnée devance l'avenir, grandit les horizons et aime les témérités de l'esprit humain, vous compterez des millions d'âmes qui tiennent à la République comme on tient à une idée, à un système, à un droit, à un intérêt, à une espérance, à un miracle, à une religion.

Et n'oubliez pas que ces éléments républicains de l'opinion sont ceux où il y a le plus de sève, le plus de mouvement, le plus de feu, le plus de puissance, d'activité, de dévouement et de propagation; c'est le cœur, c'est tout ce qui est chaud dans la nation. Ce cœur est à la République ; il n'y a pas besoin de presser ses battements pour cette cause, il n'y a qu'à le contenir.

§ III.

Le second des grands partis qui ont un grand rôle à jouer dans nos affaires, c'est le parti légitimiste.

Ce parti n'est pas précisément un parti; c'est plutôt une époque de notre histoire, une époque passée, mais toujours vivante, qui tient sa place, qui assiste, qui regarde, qui blâme ou qui applaudit aux gouvernements venus après lui sur la scène de la France; il proteste de temps en temps pour empêcher la *prescription* de son droit, qu'il croit divin et imprescriptible, et enfin il se mêle quand il lui plaît aux événements, pour les incliner de tout son poids vers ses idées.

Il ne faut pas vous imaginer que ce parti légitimiste, parce qu'il est trop faible et trop suspect à la démocratie pour lever son drapeau et pour y rallier une armée, ne soit pas assez important comme influence pour être compté et pour que l'on compte avec lui sous la République. Ce serait une grande erreur.

C'est un parti qui n'a pas de personnel, si vous voulez, pour son armée d'opinion, mais qui a un matériel immense dans le pays. C'est le parti de la terre, du sol, de la grande propriété, et même aujourd'hui des grandes industries, comme les forges, les usines, les canaux, les mines, les houilles ; il tient par là des masses considérables de clients dans le peuple, non sous la dépendance, mais sous le vent de ses opinions. Le suffrage universel, quand il saura s'en servir, sera pour lui un levier puissant, jusqu'ici brisé dans ses mains, et que la République lui a rendu généreusement et sans arrière-pensée. C'est le droit commun ! qu'il s'en serve ! Le droit commun n'a peur de personne, hommes ou partis. De plus, c'est un parti charitable, qui jouit au lieu d'amasser, qui donne au lieu de rogner sur le pain du peuple, qui a la prodigalité noble des vieilles existences, qui a pour vassaux tous les malheureux : le patronage des misères est toujours immense dans une nation industrielle.

De plus, ce parti, par une communauté de chute en 89 et de détrônement, est lié forcément avec le parti du clergé ; le clergé est le ministre de ses bonnes œuvres ; il habite avec lui dans les campagnes ; le château donne le village autant qu'il le peut au curé, comme gardien du respect et des mœurs ; le curé rend le village au château comme gardien des vieilles traditions et de l'ancien culte. Tout ce qui est légitimiste est religieux, d'attitude au moins ; une partie de ce qui est religieux a une propension au légitimisme. Il y a là deux puissances inaperçues dans les villes, mais qui retracent vivement dans les campagnes l'ancien pacte, tout romanesque aujourd'hui, du trône et de l'autel.

Enfin, ce parti a des salons, et les premiers salons de l'Europe; il a des journaux, et il peut les multiplier, sans s'obérer, sous toutes les formes gratuites; il a des écrivains distingués; il a le luxe des arts, les élégances et les modes de l'esprit; il a l'aristocratie des noms, des souvenirs, des manières, de la langue, qu'aucune révolution ne peut ni enlever ni donner, et le peuple est très-aristocrate au fond, très-impressionnable au nom, témoin le président de la République, nommé d'enthousiasme comme le plus grand aristocrate de gloire de nos jours; enfin, le parti légitimiste, s'il n'est pas assez fort pour faire jamais un gouvernement à lui seul, est assez fort pour empêcher toujours un gouvernement de bien exister et de durer longtemps malgré lui, témoin Napoléon et Louis-Philippe, qui ne seraient jamais tombés s'ils avaient eu les légitimistes avec eux! Le premier disait : « Que ne suis-je mon petit-fils? » c'est-à-dire, que ne suis-je légitimé par le temps! Le second disait : « Il me manque quelque chose, » c'est-à-dire un droit légitime au trône. La République n'a point de pareil souhait ou de pareille confession à faire au parti légitimiste, et elle peut, quand il lui plaît, retirer à elle son propre gouvernement.

§ IV.

De plus, enfin, ce parti est le seul qui ait à lui des provinces compactes, presque entières, et pouvant, dans l'occasion, se lever à sa voix, comme la Vendée et le Midi.

La République, si elle veut durer, se nationaliser et prospérer, a donc de très-grands ménagements à garder envers le parti légitimiste.

Comment, me diront les républicains acerbes, des ménagements envers les légitimistes! En doit-on à ses ennemis? C'est de la faiblesse. — Non, c'est de la sagesse et de la prévision.

Le parti légitimiste, comme je vous l'ai dit en commençant, est moins un parti qu'une époque. C'est un élément historique plus qu'un élément actif des affaires du moment. Sa vie est dans un souvenir et dans une espérance, c'est-à-dire dans un passé et dans un avenir, plus que dans le présent. Il faut donc traiter ce parti selon sa nature, comme un élément historique, comme un souvenir qu'on respecte, et comme une espérance qu'on laisse libre tant qu'elle est individuelle et inoffensive dans le cœur et dans les arrière-pensées d'un parti national du reste autant que tous les autres partis.

Ce parti, au fond, ne s'est nullement déclaré en hostilité ou même en inimitié et en antipathie avec la République. Au contraire, il a élevé la voix dans la tempête du 24 février, à la Chambre des députés, par la bouche de ses deux orateurs, M. Berryer et M. de Larochejaquelein, pour presser le dénouement monarchique et pour créer le gouvernement provisoire; ses membres les plus énergiques sont venus à l'Hôtel-de-Ville offrir leur concours, leur or,

leur épée à la République d'ordre et de salut commun ;
ils ont adopté les premiers, et de cœur, l'épreuve
nationale de la République ; ils ont voté et fait voter
pour elle tant qu'on ne les a ni insultés, ni menacés
par de mauvaises paroles; ils ont contenu leurs départements, leurs communes, les populations qu'ils
guident, dans une expectative favorable au nouvel
ordre de choses et d'idées; ils ont empêché toute
fédération funeste à la patrie pendant l'interrègne et
pendant la dictature du gouvernement provisoire ;
ils ont prévenu toute insurrection des provinces où
ils ont de l'ascendant au nom de Henri V; ils ont
voté et fait voter, aux premières élections, pour des
républicains modérés et amis de l'ordre ; ils ont dit
avec un bon sens et une loyauté au moins temporaire : « Faisons sincèrement l'épreuve démocratique.
» Dans l'usurpation nous sommes des vaincus ; dans
» la démocratie véritable, c'est-à-dire dans le gou-
» vernement de la nation tout entière, nous sommes
» des citoyens ! des citoyens actifs, consultés, in-
» fluents, puissants, occupant une place au niveau
» de toutes, une haute et large place dans notre pays.
» Réhabilités par la République, nous pouvons avec
» dignité accepter le rôle qu'elle nous restitue. Nous,
» nos familles, nos terres, nos fortunes, notre reli-
» gion, nos traditions, nos supériorités de souvenirs,
» nos ambitions honorables même ont leur sécurité,
» leur liberté, leur jeu, leur grandeur, dans une
» forme de gouvernement qui n'humilie personne,
» puisqu'il est l'élévation de tous, qui ne proscrit

» personne, puisqu'il est la propriété de tous ! Es-
» sayons ! Prêtons-nous de bonne grâce à la volonté
» de la Providence qui paraît se déclarer de dix ans
» en dix ans, par des coups d'État du ciel, pour la
» démocratie ! Mêlons-nous à ce grand mouvement
» des choses ; jetons-nous dans ce grand courant
» des esprits qui nous laisse depuis soixante ans sur
» ses bords et qui nous laissera tout à fait si nous
» persistons plus longtemps à attendre ces *Messies*
» monarchiques, pendant que les religions nouvelles
» de *gentils* se fondent autour de nous et sur notre
» propre sol ! Nous étions un parti exclusivement
» dynastique ; ayons le bon sens et le courage de
» nous faire un parti national, et pour cela faisons-
» nous d'abord un élément républicain ! »

§ V.

Ce qu'ils ont dit ainsi, la plupart l'ont fait ; les jeunes du moins ont hardiment déplacé leur tente du camp des vieilles antipathies monarchiques, et l'ont plantée dans le camp de la République.

— Est-ce bien sincère? dit-on. N'y a-t-il pas une arrière-pensée, une secrète espérance au fond de ces cœurs légitimistes? Ne prévoient-ils pas que l'heure du dégoût et de la mobilité arrivera dans une nation qui s'engoue et qui se dégoûte si vite, et que la démocratie, s'arrêtant à moitié chemin, leur dira un jour :
« Tenez, nous sommes trop jeunes ou trop vieux, ou
» trop lâches ou trop vicieux pour pratiquer ce su-

» blime gouvernement républicain, l'utopie des
» grandes âmes; donnez-nous un *maître*, et délivrez-
» nous à la fois de notre République, de notre hon-
» neur et de notre liberté? »

§ VI.

Je ne nie pas cela; je suis trop exercé au cœur humain pour croire que les racines vieilles comme le temps se sèchent en un jour dans l'âme des partis nourris de traditions et d'habitudes; je suis trop juste pour condamner même ces souvenirs, ces fidélités de la mémoire, ces arrière-horizons des partis du passé. Les espérances sont le droit commun de tout le monde; les conjectures ne sont pas des crimes dans un pays libre ; les légitimistes ont les leurs, les orléanistes ont les leurs, nous avons les nôtres. Quelles seront de ces espérances celles qui sécheront ou mûriront de cette germination d'idées qui végètent dans les différentes régions d'un grand peuple? Mais les légitimistes donnent du temps à la République, ils donnent leur concours à la démocratie raisonnable, ils prêtent force au gouvernement républicain, ils offrent appui à l'ordre, à la modération, à la propriété, au sentiment religieux et moral, à la conservation de ce qui doit être conservé dans les bases de la nouvelle République. L'irréconciliabilité de leur principe, de leur dynastie, de leur cœur, avec la monarchie illégitime et usurpatrice à leurs yeux de la maison d'Orléans ou de la maison impériale, nous assure leur préférence au moins relative pour la République. Il n'y a pas en politique de plus sûr traité d'alliance qu'une haine commune! Laissez-les espérer! laissez-les se flatter s'ils se flattent. Alliez-vous par ce que vous avez de commun, et soyez sûrs que vos alliés ne vous manqueront pas le jour où il faudrait combattre ensemble une dynastie de 1830 ou une dynastie de 1810! L'irréconciliabilité du parti légitimiste avec l'une ou l'autre de ces dynasties comme avec la démagogie est la pierre angulaire de la République. Laissez dire les républicains à courte vue; les légitimistes bien reçus dans le camp de la liberté sont le salut de la démocratie. Sans l'antipathie des légitimistes contre la dynastie d'Orléans, jamais la révolution de février ne se fût accomplie! jamais la démocratie ne se fût fondée en 1848! jamais vous n'auriez conservé un mois la République!

LE CONSEILLER DU PEUPLE.

Première Partie.

LE PASSÉ, LE PRÉSENT, L'AVENIR

DE LA

RÉPUBLIQUE.

CHAPITRE IV.

DE L'INTÉRIEUR.

DES PRINCIPAUX PARTIS QUI EXISTENT EN FRANCE, ET DES DANGERS QUE CES PARTIS PEUVENT FAIRE COURIR AU PAYS.

(*Suite.*)

§ VII.

Mais il y a un parti véritablement hostile, envenimé, irréconciliable longtemps, quoique muet et courbé en apparence devant la République, c'est le parti renversé par le choc de février. C'est le parti de la dynastie d'Orléans ; c'est le parti qui, ayant chassé en 1830 la royauté des Bourbons et le berceau d'un enfant héritier de soixante rois par le vote d'une soixantaine de députés dans une chambre, avait élevé une royauté de circonstance et d'antipathie dont le titre était de n'en point avoir !

C'est ce parti qui s'était masqué de démocratie pour faire une révolution, et qui, la révolution faite, a jeté le masque et le gant au peuple, et a pris le sceptre pour refaire une monarchie de rez-de-chaussée à la place d'une monarchie de premier étage. Ce parti au fond n'était pas un parti ; c'était un groupe ; un groupe d'ambitions, de mécontentements et de talents. Cela avait pris naissance dans des rivalités de cour, cela tenait sur un canapé, cela était éminemment propre à simuler la monarchie, parce que cela avait une dynastie dans la poche, propre aussi à simuler la démocratie, parce que cela chassait des rois légitimes. Le trône et le peuple se trouvaient également escamotés d'un seul coup. C'est ce qu'on a appelé la comédie de quinze ans ou la monarchie de 1830.

§ VIII.

C'était, vous le voyez, bien peu de chose en commençant, une fantaisie d'ambitieux, un intermède d'opposition, une convoitise de règne servie par un accident populaire aux journées de juillet, comme la

République a été servie par un accident populaire aux journées de février. Mais la République n'a pas fait la faute de 1830 ; elle n'a pas escamoté la démocratie pour la remettre à un parti ; elle a eu une ambition plus désintéressée, plus noble et plus habile, parce qu'elle est plus grande ; elle a appelé au trône la nation ; elle n'a pas voulu faire ou refaire une dynastie, mais un peuple !

§ IX.

Cependant il faut tout dire, cette monarchie de juillet sans base et sans racines, car le sol monarchique se refusait à la porter et à la nourrir, a été servie par deux bonheurs : un prince politique, habile temporisateur, Fabius des rois, comme je l'ai appelé, et des hommes de mérite, de talent et d'éloquence pour ministres. Elle a eu un troisième et plus grand ministre que tous les autres : la *nécessité*. Je m'explique.

La France était si faible, si peu debout sur ses pieds en 1830 devant l'Europe qui venait de l'envahir, et qui était encore toute coalisée et tout armée contre elle, la France n'aurait pas proclamé la déchéance du trône et la République, sans que la coalition des trônes n'eût marché une troisième fois sur la France, et ne l'eût étouffée pour crime de révolution.

Il fallait une concession aux cours, il fallait un

ôtage aux rois, il fallait une satisfaction monarchique ou semi-monarchique aux monarques; Louis-Philippe fut cette concession, cette satisfaction, cet ôtage des rois : il masqua de son corps la démocratie cachée derrière lui. On dit : Voilà un trône ! Ce n'était qu'un simulacre. Mais la coalition s'arrêta devant cette ombre : la paix fut sauvée.

§ X.

En 1848, nous n'en étions plus là. La coalition était dissoute, au moins par désuétude; la France avait grandi en indépendance et en force; nous démasquâmes hardiment, mais pacifiquement, la démocratie française; nous dîmes à l'Europe : Nous voilà! Choisissez de la guerre ou de la paix; nous désirons l'une, nous bravons l'autre. Ce fut l'Europe qui s'ébranla et qui trembla!

S'il en a été autrement depuis, prenez-vous-en aux coupables du 23 juin 1848, qui ont contracté la force de la République sur elle-même pour défendre la société dans son propre sein, et prenez-vous-en aux erreurs des hommes d'État de la seconde période de la République.

§ XI

A l'abri de ce gouvernement de 1830, la bourgeoisie, la propriété moyenne, l'industrie, le commerce, tout ce qui vit de paix, se réfugia et se groupa pour éviter la guerre. Ce fut le gouvernement des intérêts alarmés, et aussi des monopoles et des cupidités égoïstes. Il se forma autour de cette dynastie de surprise et de refuge une petite aristocratie de deuxième race, composée de deux cent mille électeurs, suzerains d'une vassalité de fonctionnaires qu'on appela l'État. Des parlements distingués par le talent, des hommes éminents par la richesse, par la parole, par la tribune, par le journalisme, prirent toute la place, place immense, entre le trône et le peuple.

Ces hommes confisquèrent la souveraineté, l'élection, le droit, l'administration, la diplomatie, la politique ; ils proscrivirent en haut par envie, ils proscrivirent en bas par peur ; ils monopolisèrent la nation au profit de leurs ambitions, de leur supériorité conquise, de leur importance, de leurs fortunes ; ils tendirent visiblement à une espèce de féodalité des intérêts sous le patronage d'une dynastie pécuniaire.

Leur parti, assez riche pour acheter la France, se grossit quinze ans des émoluments du trésor public, d'où coulait sous toutes les formes ce qu'on a appelé la corruption politique, et ce qui n'était en gros que la corruption du bien-être. L'orgueil les saisit avec la richesse ; ils eurent l'ivresse un peu insolente des enrichis ; ils jouèrent à la monarchie de vieille race ; ils renièrent la révolution qui les avait portés ; ils défièrent le temps ; ils brutalisèrent les réformes ; ils crurent que le prestige dynastique avait déserté les vieilles races et qu'il les couvrait désormais de la majesté des traditions et de l'inviolabilité du droit divin; ils se perdirent par l'excès de confiance en eux-mêmes et de dédain de la nation qui les subissait.

Un coup de foudre, inattendu pour tout le monde, les réveilla, renversés du trône, désarmés du pouvoir, descendus de leurs dignités, dépouillés de leur crédit et de leurs faveurs, précipités de l'oligarchie qui leur appartenait à eux seuls, et précipités dans la démocratie qui appartient à tous !

La démocratie, modérée, juste et magnanime, ne se vengea pas, il est vrai, elle ne les insulta pas, elle ne créa pas la chambre ardente des opinions ou des fortunes ; elle les reçut dans son sein, elle les plaignit, elle leur laissa même presque partout les emplois qu'ils occupaient et qui n'étaient point incompatibles avec la sécurité de la République. Ce parti ne subit d'autre dégradation que l'égalité.

Il resta où il rentra librement dans l'Assemblée nationale, dans les services publics, dans le conseil d'État, dans la magistrature, dans la diplomatie, dans l'armée. La République ne demanda pas aux hommes les plus compromis dans l'intimité de la dynastie écroulée : « Avez-vous servi la monarchie ? » mais « Voulez-vous servir la nation ? » Elle ne leur dit pas : « Étiez-vous dynastiques ? » mais « Voulez-vous être citoyens ? » Ce sera l'éternel caractère de cette révolution de n'avoir ni accusé, ni proscrit, ni dégradé, ni humilié personne. Le parti de 1830 pouvait donc entrer de plain-pied, et sans courber la tête, dans les affaires et dans le gouvernement de la République.

§ XII.

Mais si cette parfaite justice et si cette parfaite tolérance des institutions nouvelles suffisent à l'immense majorité du parti de 1830, elles ne suffisent pas à quelques hommes aigris de ce parti, des dépossédés de la monarchie. Leur chute est un crime dont ils ne devraient accuser qu'eux-mêmes, car ils sont tombés sans qu'on les ait poussés; mais leur chute est le crime qu'ils ne peuvent pardonner à la République. Cela n'est pas raisonnable, mais cela est naturel. Les individus condamnés ont un jour pour maudire leurs juges. Les partis descendus du règne doivent avoir un quart de siècle pour accuser le destin. Ces hommes à qui la République en naissant n'a pas jeté une menace, un reproche, une parole amère, une injure, n'ont pas plutôt été relevés par elle de leur douleur et de leur évanouissement devant la catastrophe, qu'ils se sont répandus en amertumes, en accusations, en invectives et en calomnies contre la République qui les avait sauvés, recueillis et abrités de la révolution.

Ils ont imputé et ils imputent avec un odieux acharnement à la République les malheurs, les troubles, les agitations, les gênes, les souffrances, les misères de la crise qu'ils avaient faite, et que la République avait pour tâche et pour gloire de terminer, de régulariser et de réprimer. Ils ont tourné et ils tournent tous les jours en incriminations contre la République les armes dont la République s'est servie pour les protéger contre la terreur, la spoliation, l'insurrection, la démagogie et le communisme. Ils mettent à la charge du gouvernement républicain les désordres, les excès et les crimes dirigés dès les premiers temps contre le gouvernement républicain lui-même ! Écoutez-les !

Le drapeau sanglant de la terreur que la République a repoussé de la main en découvrant sa poitrine, c'est la République !...

Le communisme que la République a renié devant les poignards à l'Hôtel-de-Ville, c'est la République !...

Le joug des clubs que la République a refusé de subir en face de deux cent mille hommes ameutés le 17 mars, c'est la République !...

La dictature des démagogues que la République a brisée le 16 avril sur la place de Grève avec quatre bataillons contre cent mille insurgés, c'est la République !...

La guerre universelle de propagande et d'invasion que la République a flétrie, désavouée, contenue, réprimée par ses manifestes aux puissances et par sa dissolution des rassemblements démagogiques d'étrangers sur ses frontières, c'est la République !...

Le 15 mai, que nous avons étouffé une heure après le crime en allant cerner et arrêter le gouvernement insurrectionnel à l'Hôtel-de-Ville pour rendre le pouvoir vengé à la représentation nationale, c'est encore la République !...

Ainsi, de tous les crimes, de tous les attentats, de toutes les agitations heureusement réprimés pendant une révolution terrible. Si le poignard nous avait frappé en défendant ainsi la société et la République, ce poignard dont la République aurait péri serait encore le crime de la République ? Voilà la logique, la justice et la reconnaissance de ces hommes !...

§ XIII.

Ce parti est peu nombreux ; c'est une cour plutôt qu'un parti ; c'est un petit *Coblentz* à l'intérieur, désavoué et déserté bientôt par la grande masse des hommes sensés et des intérêts intelligents qui composent sa force dans la politique, dans la haute propriété, dans la haute banque, dans le haut commerce de Paris et des départements. Mais ce parti a la discipline de l'ambition déçue ; il a le génie de la rancune ; il a l'implacabilité des ressentiments personnels ; il a la convoitise ardente des positions perdues à reconquérir ; il a des journaux accrédités, habiles, puissants à dénaturer les choses et à démolir les hommes ; il a des fortunes colossales religieusement et honorablement remises par la République à ses ennemis naturels, et dont le revenu d'une année suffirait, si les élections devenaient jamais vénales, à acheter des élections anti-républicaines; il a enfin une clientèle immense de souvenirs, de regrets, de reconnaissances, d'espérances et de fonctionnaires publics qui doivent la conservation de leurs emplois à la modération de la République, mais qui ne pardonnent pas tous à la révolution de les avoir fait un moment trembler sur leurs existences.

Ne vous y trompez pas, le seul danger permanent de la République est dans le parti de la dynastie de 1830. Mais elle a dans d'autres partis, si elle sait les opposer les uns aux autres, tous les moyens de conjurer ce danger. Il en est de la politique comme de la chimie dans certains cas : deux dangers ne s'aggravent pas l'un par l'autre, ils se neutralisent. Je vous le ferai comprendre à l'instant.

CHAPITRE V.

§ Ier.

Il y a en France un autre grand et respectable parti, élément politique caressé et subordonné sous les monarchies, élément politique libre, égal aux autres, actif et puissant sous les républiques par son poids dans le suffrage universel : c'est le parti religieux. J'ai tort de dire *parti*, je devrais dire simplement *conscience;* car toute la force d'une foi et toute son action dans un pays qui professe la liberté des cultes devraient être confinées dans la conscience. Je dis parti pour me servir des termes en usage, et parce que, en effet, depuis quelques années, certains hommes, selon moi mal inspirés, ont essayé de constituer la conscience de leurs coreligionnaires en parti politique, d'appuyer le levier de Dieu sur les institutions humaines, et de placer l'autel sur le budget.

§ II.

Cette opinion se divise donc en deux partis très-distincts.

L'un est le parti purement *religieux*, qui croit et qui sent comme vous et moi que les gouvernements ne sont que le mécanisme du mode d'existence des peuples, mais que l'âme est dans les religions; que bien croire, bien adorer et bien servir Dieu chacun selon sa foi, sa raison, sa conscience, est la suprême fin et la plus haute dignité de l'espèce humaine; que la perfection des institutions politiques est d'être pour ainsi dire une religion en action, une conscience collective en lois, une morale universelle, une profession de foi nationale à l'existence, à la providence, à la souveraineté de Dieu, et aux devoirs qui découlent de cette notion générale de la vérité incréée. La République est bonne à ce parti en ne soutenant, au nom de l'Etat, aucun des cultes individuels qui prétendent au monopole de l'idée religieuse ou à la propriété exclusive de la vérité; mais en assurant à chaque communion la liberté, l'inviolabilité, le respect et la faveur du gouvernement pour tout ce qui élève et sanctifie l'humanité en la plaçant en présence de Dieu.

§ III.

L'immense majorité du parti religieux catholique entend ainsi, et seulement ainsi, le rôle du gouvernement dans les consciences, le rôle du pouvoir protecteur, rôle de la sentinelle à la porte de tous les temples, pour empêcher qu'on ne les profane, qu'on ne les viole, qu'on ne les corrompe, mais n'y entrant pas lui-même, ou n'y entrant que comme fidèle, nullement comme gouvernement.

A ce titre, qu'est-ce que demande le parti religieux catholique? Liberté, impartialité, inviolabilité! La République lui en promet et lui en assure plus qu'aucune autre forme de gouvernement; la République lui donne en outre, en se retirant davantage de toute intervention directe et simoniaque dans les cultes, plus d'indépendance, de dignité, de droit naturel à l'association pour propager sa foi; la République enfin l'achemine inévitablement et prochainement à cet état vrai des consciences, réalisé déjà dans tant de démocraties religieuses où l'association des consciences pour l'exercice, la propagation, l'entretien de leur culte, est le seul concordat du pouvoir temporel et du pouvoir spirituel.

Ce grand et saint parti des consciences religieuses n'est donc antipathique en rien à la démocratie et à la

vraie république. Au contraire, il est la démocratie
même par sa morale et par sa fraternité surnaturelle ;
il est la république même par sa liberté des enfants
de Dieu ; il est le socialisme même par les vertus qui
pallient les vices, qui défendent les crimes, qui
corrigent les égoïsmes, qui tempèrent les abus insé-
parables de toute société. Un peuple libre ne peut se
gouverner que par sa conscience. Ce parti est la conscience de la République. Liberté donc! association!
inviolabilité! respect et faveur morale à ce parti ; mais
séparation graduelle et logique de l'Église et de
l'État.

CHAPITRE VI.

§ Ier.

Mais il y a à côté de ce parti de la conscience religieuse, du catholicisme libre et vénéré en France, un
petit parti ambitieux, remuant, conquérant en arrière,
un *Coblentz* ecclésiastique à Paris, une coterie politique prenant le drapeau dans la sacristie pour le
porter sur la place publique, proclamant l'intolérance
de toutes les doctrines philosophiques ou religieuses
qui ne sont pas celles d'une église dominante et exclusive, et avouant hautement le projet de ramener le
monde, non pas par la discussion, ce qui est permis,
mais par la conquête du gouvernement, par la loi
partiale de l'État, par la corruption du budget, à un
établissement temporel de l'église et à une religion

de la loi au lieu d'une religion de la conscience.

Ce n'est plus là le parti religieux, ce n'est plus là le parti d'une communion, c'est une véritable faction catholique. Ce parti a tous les vices d'une faction, faible et turbulent. On entend ses orateurs *O'Connels* plaintifs d'une persécution de fantaisie. On lit ses journaux; on rougit des injures qu'ils jettent chaque matin à toutes les consciences au nom de l'inviolabilité des consciences; on s'afflige de voir le nom de Dieu profané par de tels hommages: ils lui sacrifient des holocaustes de papier. Véritables licteurs masqués en apôtres, ils martyrisent, au nom de la religion, l'indépendance, la dignité, la sainteté de la conscience dans tous les cœurs qui ne veulent pas recevoir un formulaire de leurs mains. Ils ont éteint, de peur du scandale, le bûcher de l'inquisition; mais ils ont gardé son fer chaud, et ils en marquent avec délices les noms de tous les hommes qui adorent Dieu sous d'autres symboles.

§ II.

Cette faction politique ne compte dans les rangs de la pensée religieuse que par le mal qu'elle lui fait. Elle caresserait volontiers la République comme elle a caressé toutes les monarchies, si la République voulait se vendre à elle et lui vendre la conscience des peuples pour *les royaumes de ce monde*. Mais cette faction n'est au fond ni république, ni monarchie, ni aristocratie, ni démocratie. C'est un fantôme de théocratie, c'est-à-dire de souveraineté pontificale exhumé du moyen-âge dans l'ombre d'une catacombe ; cela s'évanouit de soi-même dès qu'il fait jour dans le sanctuaire comme dans la raison du peuple et du temps.

Cette faction, du reste, est si peu nombreuse et si en dehors des réalités, qu'elle ne peut faire à la République ni bien ni mal. On l'entend, mais on ne l'aperçoit pas.

CHAPITRE VII.

§ Ier.

Il y a enfin, dit-on, un parti bonapartiste. Je le dis, mais je ne le crois pas. Les nations sont logiques au fond dans leurs inconséquences mêmes et dans leurs folies. Un parti répond toujours à quelque chose d'instinctif et de fondamental dans un temps et dans un pays.

Je comprends le parti républicain ; cela répond à l'amour de la liberté, au besoin d'unité dans le peuple, devenu égal à lui-même, à la passion du progrès dans les institutions qui doivent constituer la démocratie, cette vertu progressive des temps modernes.

Je comprends le parti légitimiste ; cela répond au sentiment traditionnel du droit, de l'hérédité, de la fixité, de l'aristocratie dans une monarchie d'habitude.

Je comprends le parti de la monarchie de 1830 ; cela répond à la révolution d'un côté, à la royauté de l'autre. C'est un contre-sens, mais cela a l'air et la durée d'une transaction.

Je comprends le parti religieux ; cela répond à la conscience.

Je comprends même la faction pseudo-catholique dont nous venons de parler, cela répond à la superstition et à cet instinct de domination qui a de tout temps dévoré les sectaires.

Mais un parti impérial bonapartiste en ce temps-ci, à quoi cela répond-il ?

Est-ce à la révolution ? Napoléon l'a refoulée jusque dans le despotisme.

Est-ce à la liberté ? Il l'a tuée.

Est-ce à la démocratie ? Il l'a masquée en courtisans, et il lui a donné des titres de noblesse et des apanages.

Est-ce à la conquête ? Il n'a pas pu en conserver une, et la conquête, refoulée deux fois avec lui jusqu'à Paris, a laissé la France murée par la coalition du monde.

Est-ce à la monarchie tempérée et constitutionnelle ? Mais il n'a tenté que la monarchie militaire.

Est-ce à la tradition ? Mais il était un homme nouveau.

Est-ce à l'avenir ? Mais il n'avait pour manie que d'exhumer le passé et de ressusciter Charlemagne.

Je ne vois rien, excepté la gloire.

Et en effet, c'est la gloire seule qui peut correspondre en France aujourd'hui à une ombre de parti bonapartiste. Mais s'il y a quelque chose de personnel au monde, c'est la gloire ; pour retrouver la gloire, il faudrait ressusciter Napoléon et lui vouer de nouveau le sang de trois millions d'hommes pour reconquérir quoi ? l'*invasion*.

[§ II.

Il n'y a donc pas de parti proprement nommé parti bonapartiste.

Voici ce qu'il y a : un long et glorieux éblouissement du nom de Napoléon dans l'œil du peuple, éblouissement honorable et compréhensible, une puissante popularité posthume pour ce nom qui a popularisé nos armes, éblouissement tel qu'au moment où on a dit au peuple : Choisissez un président pour votre République, le peuple n'a eu qu'un nom dans la bouche pour désigner, non un empereur, mais un citoyen d'un nom européen.

Voilà le vrai.

Que quelques hommes arriérés d'années ou aveuglés de plagiats affectent de s'y tromper et qu'ils disent : le peuple s'est voté un *maître*, je le comprends, mais c'est l'illusion de leur mémoire pour l'empire qui les trompe. Non ; le peuple s'est voté une gloire, une tradition imposante, un nom compté et redouté en Europe en tête de la République. Voilà la vérité.

§ III.

Du dénombrement sincère de tous ces partis, que résulte-t-il à vos yeux? qu'il y en a trois ou quatre très-peu républicains et très anti-républicains, et un seul très-faible et très-divisé pour la République, et que, par conséquent, la République va s'écrouler dans sa minorité imperceptible, et rendre la France à la lutte orageuse des dynasties ou aux convulsions de l'anarchie?

C'est ainsi que raisonneraient des enfants ou des géomètres.

Eh bien! ces enfants se tromperaient aux apparences, et ces géomètres se tromperaient aux calculs de majorité et de minorité. Ce ne sont pas les fortes majorités qui constituent et qui font durer les gouvernements libres comme les Républiques, c'est l'équilibre des partis. Un seul parti en immense majorité comme on vous le demande, fût-ce un part de républicains, aurait bientôt anéanti la liberté et dévoré la République pour en faire une tyrannie à son usage. Plusieurs partis, au contraire, opposés les uns aux autres, antipathiques entre eux, inconciliables si vous les mettez seuls, face à face, mais pouvant se combiner avec d'autres partis et s'entendre avec eux sur un terrain commun pour disputer la place au parti adverse, forment une combinaison de forces, de volontés, de répugnance, d'alliances, de concours forcé éminemment favorable à la fondation et au maintien d'une république de liberté.

Le trône est une place vide au milieu de tous ces partis, qui peut-être ont une secrète envie de l'occuper, mais qui ont encore une plus grande horreur de le voir occuper par le parti contraire ; ainsi, ils le gardent vacant et renversé éternellement entre eux, de peur qu'il ne serve de siége au pouvoir de leurs adversaires. Tous amis de la monarchie, si vous voulez ; tous plus ennemis de la monarchie d'une autre dynastie que la leur ; tous ennemis de la République par goût, si vous voulez encore ; tous amis de la République par nécessité, parce que la République exclut leurs ennemis du trône. Voilà la combinaison de 1848 ! voilà l'heureuse fortune de la démocratie ! voilà l'équilibre qui a sauvé, qui sauve et qui sauvera longtemps la République, assez longtemps du moins pour qu'elle ait passé les premières années de son existence, qui sont les années de crise, de faiblesse et de convulsions pour les institutions qui se fondent comme pour les êtres qui essayent de vivre.

CHAPITRE VIII.

§ Ier.

De là passez à la pratique, et examinez le jeu de cet équilibre des partis dans le passé, dans le présent et dans les conjonctures de l'avenir.

Le parti de l'anarchie veut dominer, opprimer, expulser la république régulière aux journées de mai et de juin 1848. Tous les partis de l'Assemblée se réunissent à l'instant contre cette faction, la majorité devient unanimité autour du gouvernement.

Le parti de la Montagne, allié au parti socialiste, croit avoir triomphé dans la confusion du suffrage aveugle et dépravé du scrutin de liste au 13 mai. Les républicains exaltés, mais non factieux, les légitimistes, les hommes de 1830, le parti bonapartiste, le parti religieux et le parti de l'extrême droite, se réunissent en une seule majorité invincible, par un intérêt commun pour préserver la société.

Le gouvernement républicain menacé se trouve étayé par toutes les mains.

Supposez maintenant que le parti bonapartiste (s'il existe) marche à une usurpation impériale et tente un symptôme seulement de coup d'État! A l'instant le parti de la Montagne, le parti républicain modéré, le parti de 1830 et le parti légitimiste s'uniront avec toutes les forces d'opinion et de majorité dont ils disposent pour protéger la République contre une usurpation de souveraineté qui les détrône tous à la fois en détrônant la nation.

Supposez maintenant que les légitimistes unis au parti catholique tentent une restauration par l'Assemblée ou par le suffrage universel! A l'instant le parti de 1830 s'entend avec toutes les nuances du parti révolutionnaire et du parti républicain pour barrer le chemin du trône à la légitimité, et pour conserver dans la République le terrain neutre et les éventualités de la dynastie d'Orléans.

Enfin, supposez que le parti de 1830, nombreux dans l'Assemblée, riche en honneur, fervent de colère, aveuglé de ressentiment, médite par l'élection une résurrection de son trône! Au premier signal, gauche extrême, droite extrême, parti légitimiste, parti bonapartiste, parti religieux, républicains modérés, républicains irrités, peuple réhabilité par le suffrage universel, ne forment qu'une nation unie contre une faction, et se sauvent eux-mêmes, eux, leur honneur, leur sûreté, leurs espérances, leur présent, leur avenir, en se groupant autour du gouvernement républicain, et en défendant ensemble la République menacée!

§ II.

Vous le comprenez donc ; tous les éléments d'un équilibre sauveur de la République existent et fonctionnent. Il n'y a pas même besoin qu'un gouvernement les remue, ils se remuent d'eux-mêmes. Ils ont pour politique leur nature, ils ont leur intérêt personnel pour tactique, ils ont leur salut commun pour homme d'État. Le jeu du gouvernement républicain à l'intérieur est donc bien facile. Il n'a qu'à occuper la place et à porter le défi à chaque parti isolé de le remplacer. Il est gardé par les antipathies. Elles sont plus durables que les popularités.

Donc de ce côté parfaite sécurité pour la République.

CHAPITRE IX.

Quant à l'organisation définitive du gouvernement républicain paisible et régulier, c'est une œuvre successive et de temps. Les dangers à prévenir, les vices à corriger, sont visibles principalement à l'œil de l'homme d'État, dans ceci :

L'action de la presse,
Les clubs,
Le mode des élections,
La durée du pouvoir exécutif.

§ Ier.

La presse? Il n'y a qu'un remède à ses erreurs et à ses excès sous un gouvernement libre : l'institution de *la publicité* sincère et universelle par le gouvernement lui-même. Le grand jour de la vérité répandu tous les matins sur toute chose pour combattre et faire évanouir le faux jour des sophismes et des factions.

Que penseriez-vous d'un gouvernement vivant de lumière, qui laisserait à ses ennemis le monopole des torches et des flambeaux? Vous diriez : il périra dans sa démence. C'est la situation de tous les gouvernements depuis quarante ans en France. La République doit faire faire ce progrès à la société.

Cette institution de la publicité *des faits* par l'Etat ne coûtera pas plus de deux millions à la République.

Les révolutions coûtent plus cher. Je demande ce progrès depuis dix-huit ans. C'est la seule loi de la presse à faire.

§ II.

Les clubs? C'est l'état sauvage d'attroupement, de tumulte, de violence matérielle, d'intimidation, de tyrannie du nombre contre la liberté et la sécurité du citoyen isolé. Il faut les séparer par une ligne infranchissable du droit paisible de réunion limitée et d'association régulière des opinions dans un pays libre. L'Amérique a su le faire par bon sens; l'anarchie des clubs y a péri par désuétude, en France elle doit tomber devant la loi. Il faut choisir entre la République et les clubs; la société a déjà fait son choix.

§ III.

Le scrutin de liste comme mode du suffrage universel? Je l'ai combattu dès qu'on l'a présenté. Je l'ai nommé de son nom, l'élection des ténèbres.

Le gouvernement provisoire l'avait exclu; il avait divisé la France en autant de circonscriptions électorales qu'il y a de fois quarante-cinq mille âmes dans les trente-six millions. Chacune de ces circonscriptions assez large pour que l'élection ne fût pas municipale, assez restreinte pour que les électeurs connussent de vue, de nom ou de renommée leur candidat, devait nommer un représentant. Une fausse vue de ce gouvernement et une loi précipitée de l'Assemblée constituante ont vicié et aveuglé la souveraineté du peuple, en instituant le vote confus irresponsable et ténébreux du scrutin de liste, où nul ne sait qui il nomme, où l'on vote entre deux feuilles de papier, au lieu de voter entre deux hommes connus. Quand l'heure constitutionnelle de corriger ce mensonge public aura légalement sonné, on rendra sa moralité, sa vérité, sa responsabilité à l'élection et au suffrage universel, en faisant voter le peuple sur des noms réels, et non sur des fantômes anonymes évoqués des clubs par les factions.

Enfin, la durée plus ou moins étendue du pouvoir exécutif et la rééligibilité ou la non rééligibilité du président de la République ?

Question toute de personne, de situation et de circonstance dans deux ans et demie, sur laquelle l'opinion publique serait aussi téméraire de dire non que de dire oui avant le temps, car c'est le temps seul qui prononcera.

Je passe à la situation de la République à l'extérieur.

LIVRE II.

CHAPITRE Ier.

SITUATION DE LA RÉPUBLIQUE A L'EXTÉRIEUR.

§ Ier.

Je vais essayer de faire comprendre aux hommes les moins versés dans la science de l'équilibre européen, où des rapports des différentes puissances entre elles, quelle a été et quelle doit être la politique de la France sous la République, pour conserver trois choses auxquelles la France doit tenir également : sa démocratie, sa dignité nationale et la paix du monde.

§ II.

S'il y a un progrès bien évident, bien constaté, et je puis ajouter bien divin dans l'esprit de tous les peuples, mais spécialement du peuple français, depuis trente ans en Europe, ce progrès c'est le sentiment de la paix, non pas seulement comme le prétendent les Tyrtées de cabaret, chantant des antiennes de gloire devant des Napoléons de plâtre, par cette lassitude de victoires, par ces épuisements de sang, par ce découragement des grandes choses et par cette lâcheté d'une génération avilie qui se résigne à un repos sans honneur, mais par la réflexion, par la raison et par la vertu qui font de plus en plus sentir et glorifier au peuple la sainteté, l'utilité et la beauté de la paix.

En un mot et pour la première fois peut-être dans le monde la paix est devenue populaire. La philosophie descendue en pluie insensible mais quotidienne avec l'instruction dans le peuple, le sentiment religieux qui a grandi avec la liberté dans les âmes, la vertu de l'humanité en masse qui a remplacé peu à peu le fanatisme exclusif des haines internationales, la sécurité de chaque peuple dans ses frontières garantie par tous les autres, et ne craignant plus que le caprice d'un conquérant ou une invasion de Barbares vienne ravager son sillon, usurper sa place au soleil, disperser ses foyers. Les relations plus fréquentes de peuple à peuple, les voyages des uns chez les autres, les échanges multipliés entre eux avec les littératures, les arts, les luxes, les besoins réciproquement satisfaits, les industries s'empruntant d'une frontière à l'autre, d'une mer à l'autre, d'un climat à l'autre les objets de fabrication; les commerces rivalisant de célérité et de bas prix pour colporter les produits fabriqués sur toutes les côtes; les navigations à vapeur faisant disparaître les distances et le temps entre les vendeurs et les acheteurs de différentes races, les chemins de fer surtout courant comme une électricité de communication instantanée d'un bout de l'Europe à l'autre et supprimant pour ainsi dire les limites physiques entre les nations pour tout rapprocher, tout lier, tout confondre dans une grande et merveilleuse unité de lieux et dans une sorte d'ubiquité de l'homme; le travail enfin devenu la seule et durable conquête de l'humanité sur le sol, sur les éléments, sur la misère, sur le temps, sur l'avenir; toutes ces choses réunies ont puissamment contribué à la propagation de la vérité de la paix.

Cette vérité de la paix n'était qu'une raison élevée pour les philosophes; elle est devenue une évidence pour tout ce qui a des yeux. Un conquérant maintenant dans le monde ferait l'effet d'une bête féroce contre qui s'ameuterait le genre humain ; une violence militaire tentée en Europe ferait jetter un cri d'indignation à tous les peuples. Hozahna à Dieu qui a permis ce progrès à l'humanité ! La guerre est jugée, c'est le meurtre en masse, la paix c'est la vie des nations !

§ III.

Aussi, le lendemain du jour où naquit la République, expression bien libre, bien enthousiaste, bien irréfrénée dans ses paroles et dans ses actes de la volonté d'un peuple n'ayant que lui-même pour maître et pour loi, que fit la République ?

Courut-elle aux frontières menacées comme en 92 ?

Roula-t-elle des canons et des munitions sur toutes ses routes ?

Se hérissa-t-elle de bataillons de marche pour aller porter le fer et le feu ou même la *démocratie* forcée et violentée sur les territoires des peuples nos voisins ? Non.

Il y avait bien quelques esprits arriérés, quoique jeunes, quelques hommes très-vieux d'idées, quoique sans cheveux blancs sur la tête, quelques voltigeurs de la gloire, quelques tapageurs de l'histoire ancienne, quelques parodistes inintelligents de la Convention ou de l'empire, brûlants de mettre sur leurs chapeaux ronds le panache tricolore de St-Just ou l'auréole de

Napoléon, cette comète de nos temps, cette aurore boréale de César ou d'Alexandre.

Il y avait bien quelques politiques en apparences plus profonds quoique très-vides en effet qui nous disaient : « Le peuple va vous dévorer, si vous ne le lan-
» cez pas à l'instant comme une meute stupide et affa-
» mée sur l'Allemagne! La démocratie régulière est
» impossible. Hâtez-vous de lui donner le change et
» de la tromper elle-même, en la transformant en
» guerre soudaine, brûlante, universelle; vous occu-
» perez, vous flatterez, vous enivrerez ainsi de poudre
» les masses, et, à l'abri de cette fumée de l'incendie
» européen, vous lui forgerez par ses propres mains
» des lois de fer et un joug d'airain sous le nom
» de République! »

§ IV.

Voilà ce que nous disaient les hommes de peu de foi, de peu d'espérance et de peu de moralité dans les convictions. Nous ne les écoutâmes pas. Nous fîmes prendre à la République l'attitude d'une puissance régulière, philosophique, civilisée, et non le geste d'une populace en fureur. Nous fîmes le manifeste à l'Europe; la France y reconnut sa pensée et applaudit. L'Europe y sentit la volonté calme, réfléchie, inoffensive, mais invincible, d'une république dans son droit. Elle trembla, sans oser ni contredire une parole, ni hésiter à nous reconnaître, ni remuer une baïonnette.

§ V.

Que disait ce manifeste de la France, en deux mots?

Il disait à l'Europe : Rassurez-vous si vous prenez par erreur la République de 1848 pour la République de 1792! Nous ne sommes pas un anachronisme en révolution, nous ne sommes pas un contre-sens en civilisation ; nous ne levons le bras sur personne, nous sommes libres chez nous; il nous convient de faire un pas de plus dans la voie de la liberté et de l'unité des peuples; il nous convient de nous passer de dynastie et de nous gouverner par notre propre souveraineté, dans nos propres idées, dans nos propres intérêts, par notre propre sagesse. Ce gouvernement dont une révolution soudaine, non préméditée, sans crime et sans vengeance, vient de nous fournir l'occasion, ce gouvernement convient à notre âge de maturité parmi les peuples, à notre esprit de découverte et d'initiative parmi les races européennes, à notre unité désormais bien centralisée de provinces, à notre égalité de rangs et de castes, à notre embarras de choisir entre plusieurs dynasties que nous avons rejetées, et dont les prétentions rivales semaient les dissensions et les guerres civiles parmi nous. Elle convient à notre mobilité même, qui a besoin d'une forme de gouvernement plus forte et plus élastique, pour ne pas briser tous les dix ans nos monarchies, qui ne savent ni nous céder ni nous contenir.

Mais nous n'imposons à personne l'obligation de nous imiter hors de propos. Les institutions ne sont que les moules des peuples; ces moules doivent prendre la forme des peuples eux-mêmes. Restez ce que vous êtes, ou changez de moule à votre gré, nous ne nous en mêlons pas; nous ne profanons pas chez les autres l'indépendance que nous voulons faire respecter chez nous. Seulement nous ne permettrons pas que vous alliez profaner, violenter, opprimer impunément vous-mêmes cette indépendance des peuples sur des territoires et dans des nationalités sur lesquelles les traités, cette géographie des droits, ne vous autorisent pas à porter la main. Si vous le faites, nous redevenons libres de le faire nous-mêmes à notre heure, et selon nos convenances et nos vues. Et si des nations indépendantes sont envahies par vous pour cause de gouvernement intérieur, nous serons logiquement du côté de notre principe, c'est-à-dire du côté de la liberté!

Voilà la paix, si vous êtes justes; voilà la guerre, si vous êtes oppresseurs des nations. Choisissez!

§ VI.

Et l'Europe, comme cela n'était guère douteux, choisit ce que nous préférions nous-mêmes: la paix. Elle ne pouvait déjà plus choisir autre chose après une attitude si irréprochable et si conséquente de la

République, après un langage à la fois si énergique et si respectueux pour les droits de tous. Les peuples, édifiés de cette modération et de ce respect, n'auraient déjà plus suivi les gouvernements dans une croisade de Sainte-Alliance contre la France, si digne, si calme, si sage, si inoffensive dans sa politique ; et si les souverains avaient voulu y forcer leurs armées, les rois auraient couru eux-mêmes à leur perte. Approcher leurs peuples en armes de la France dans une telle situation, c'eût été approcher le nuage de l'électricité : l'explosion de la démocratie se serait fait en abordant nos frontières. Nous le savions bien.

§. VII.

Aussi ne tombèrent-ils pas dans cette faute. Ils regardèrent, sans oser y toucher, surgir, agir, grandir et se constituer la République. Aucune tentative de coalition n'était possible contre une démocratie qui mettait ainsi le droit et les peuples, Dieu et les hommes de son côté. L'Angleterre, pays où la liberté a une voix et où le peuple a une conscience dans le Parlement, ne l'aurait pas pu solder ni permettre, cette coalition. La Prusse, déjà neutre en 92, n'aurait pas hésité à rester bien plus que neutre en 1848. Les puissances secondaires de l'Allemagne, peu sympathiques à l'Autriche, eussent été retenues par la neutralité de la Prusse et de l'Angleterre. Nous n'avions donc à redouter, dans le système que nous adoptâmes, que la Russie et l'Autriche.

L'Autriche? L'Italie, alors soulevée sans nous, mais au besoin armée et guidée par nous, nous en répondait.

Restait donc la Russie seule à combattre. Mais nous avions pour auxiliaires contre la Russie alors, la Pologne, la Hongrie, la Valachie, la Moldavie et enfin la Turquie, puissance menacée, mais grandissant sous le patronage d'une nouvelle civilisation qui attend le réveil.

Et d'ailleurs, pour nous attaquer, il fallait que la Russie traversât toute l'Allemagne et la foulât sous le pas de ses armées. Croyez-vous que l'Allemagne, déjà agitée et démocratisée, n'eût pas frémi sous ces colonnes russes, et ne nous eût pas donné des auxiliaires dans ses populations insurgées contre l'omnipotence du czar?

Vous le voyez donc, une fois le manifeste de la République accepté comme base de notre politique étrangère, nous n'avions rien à craindre sur aucun point de notre horizon.

L'événement l'a assez prouvé; si vous y persévérez, il le prouvera dix fois plus encore.

§ VIII.

Or, puisque ce système était bon, bon à la fois pour la paix et pour la sécurité de la République, tout autre système était donc mauvais. C'est la conséquence.

§ IX.

Maintenant examinons quelles furent les effets de la France républicaine à l'étranger, et en trois mois et demi. Les voici :

La Sicile se détacha du royaume de Naples et réclama son indépendance victorieusement.

Le royaume de Naples fit sa révolution, non républicaine, mais constitutionnelle.

La Toscane l'imita, et s'affranchit, non de ses rapports antiques de famille régnante, mais de sa vassalité intérieure sous le despotisme autrichien.

Le Piémont reçut une constitution libérale et entraîna son roi à une guerre italienne, guerre téméraire et intempestive pour le Piémont, très-opportune et très-utile pour la France, qui cependant ne l'encouragea en rien, contre l'Autriche.

Milan et Venise se soulevèrent et combattirent, Milan avec héroïsme d'abord, avec hésitation ensuite, Venise avec héroïsme et constance, pour se démembrer de l'empire et se rattacher à un centre italien.

Rome, remuée depuis 1847 par le pape lui-même, reconquit sa nationalité sur le sacerdoce, abusa de sa constitution, toléra l'anarchie, subit la flétrissure d'un assassinat impuni et honoré dans ses rues, donna l'assaut au palais de son pontife et de son souverain constitutionnel, et se proclama prématurément et impolitiquement république, quand sa nature lui conseillait de rester seulement *nationalité* et *démo-*

cratie constituées, par ménagement pour le catholicisme dont elle est la capitale.

L'Allemagne entière se bouleverse, s'insurge, se constitutionnalise et tente de se fédéraliser sur le principe de l'*unité* allemande, c'est-à-dire qu'elle ne reconnaîtrait plus d'autre souveraineté que la souveraineté collective de chacun des états dont elle est composée : république de nations.

Vienne et Berlin se soulèvent; les souverains se retirent dans des camps.

La Hongrie s'arme, la Belgique conspire, l'esprit des peuples est en ébullition; le monde peut s'allumer tout entier si la France lui prête un brandon. Dieu seul connaît la profondeur des écluses de sang qui vont se rouvrir.

Deux puissances seules, la Russie et l'Angleterre, sont intactes et non ébranlées : l'une, l'Angleterre, sur la base de sa liberté républicaine quoique royale; l'autre, la Russie, sur la base de son despotisme militaire, car la Russie est un camp.

La France se refuse avec une probité vertueuse et politique à prêter ce brandon à l'incendie du monde. Malgré les sollicitations, les conspirations et les émeutes des démocrates et des démagogues réfugiés de tous ces pays, qui agitent et qui soulèvent Paris tous les jours, la France reste fidèle au manifeste qu'elle a promulgué. Le rôle d'incendiaire de l'Europe ne convient pas aux modérateurs et aux ministres d'une démocratie d'humanité et de paix. La France laisse chaque nation s'agiter, se calmer, se constituer, se combiner, se remuer selon le flux et le reflux de sa propre nature, avancer, s'arrêter, reculer ou tomber dans la carrière de ses révolutions nationales ; elle croit que la main d'une nation étrangère ne peut jamais s'immiscer dans les affaires intérieures d'un autre pays, et que la démocratie même ne s'impose pas.

Ce respect de la France pour les révolutions qui font explosion autour de la sienne impose le même respect à la Russie et à l'Angleterre. Ces deux puissances assistent d'abord comme la France à ces oscillations de l'esprit de l'Allemagne sans s'y mêler. Ce qui est faux périt, ce qui est excessif est réprimé par l'Allemagne elle-même ; ce qui est chimérique s'évanouit, ce qui est mûr, juste, vrai, triomphe. L'Allemagne enfante des constitutions comme l'Italie, la liberté a fait un pas ; elle sait gré à la France de l'avoir respectée dans son sol et dans son indépendance d'esprit germanique.

Voilà notre politique des premiers trois mois de la République, la seule époque dont le compte puisse nous être demandé.

CHAPITRE II.

§ Ier.

Passons en Italie.

Le roi de Sardaigne, sollicité par la Lombardie et par la vieille ambition de sa maison qui convoite la possession de l'Italie, déclare la guerre à l'Autriche, déjà à demi expulsée de ses états italiens. Le roi de Sardaigne demande itérativement à la République française un mot de consentement ou d'encouragement à cette guerre déjà commencée. Le cabinet français refuse avec une inflexible réserve de probité de dire ce mot. La République veut être aussi irréprochable de provocation à la guerre et d'intrigues à son profit de l'autre côté des Alpes que de l'autre côté du Rhin. Elle ne s'explique pas, elle ne le doit pas, mais elle prévoit et elle se prépare ; c'est son devoir. Que prévoit-elle? et à quoi se prépare-t-elle? Suivez bien encore, car tous nos embarras actuels de Rome viennent de ce que les plans de la République des trois premiers mois n'ont pas été suivis jusqu'au bout en Piémont.

§ II.

Elle prévoit donc que le roi de Sardaigne aura ou des succès ou des revers éclatants en Lombardie. Dans les deux cas, la France est intéressée à agir ; elle crée et elle renforce jusqu'à soixante-deux mille hommes l'armée des Alpes, pour être prête à l'action.

Si le roi de Piémont chasse l'Autriche de la Basse-Italie et englobe Milan, Venise, Parme Modène, Gênes, la Toscane même dans ses États? la France ne peut souffrir à ses portes la transformation d'une puissance secondaire en première puissance, sans ombrage. Les frontières de ce nouveau royaume italien touchent aux portes de Lyon. En s'alliant de nouveau avec l'Autriche, ce royaume italien changerait entièrement l'état défensif de la France. Les Alpes pèseraient le double. La France, dans ce cas, doit prendre ses sûretés en Savoie et à Nice.

Si le roi de Piémont est vaincu et suivi dans ses États, comme cela a eu lieu, par une armée autrichienne victorieuse, si l'Autriche veut effacer ce royaume ou le rogner, ou l'enchaîner, ou occuper ses forteresses qui sont aussi indirectement les nôtres? La France, par droit de *contiguïté*, et par soin de sa propre sûreté et de sa légitime influence sur un voisin faible et limitrophe, doit descendre en Piémont comme médiation armée !

§ III.

Que se passe-t-il alors? Je vais vous le démontrer, non par de vaines conjectures qui ne prouvent rien, mais par des faits réalisés pendant les quatre premiers mois du premier gouvernement de la République.

§ IV.

Il se passe à l'instant ceci : L'armée en déroute du Piémont se reforme derrière l'armée française. L'Italie tout entière sur notre droite se rassure, se sent protégée, appuyée, lève et arme ses contingents; Venise consolide sa résistance. L'armée autrichienne s'arrête pour parlementer en face de la nôtre qui couvre les frontières du Piémont ; l'Europe tremble du premier coup de canon qui peut être tiré, elle accourt au quartier général de l'armée française ; l'Angleterre se jette avec ses négociateurs entre les deux camps, avec ses vaisseaux à Gênes et dans l'Adriatique. Les conférences s'ouvrent, on traite, on conserve et on augmente notre légitime influence sur le Piémont, sur la Toscane, sur Rome, sur Naples ; on obtient pour la Lombardie même et pour Venise des existences politiques constitutionnelles semi-nationales, prix de leur sang, et qui commencent, sous le patronage collectif de la France et de l'Angleterre, l'émancipation de l'Italie !

Ces résultats signés, l'armée des Alpes repasse les montagnes, restitue la Savoie et Nice ; la République, fière d'elle-même, peut se regarder sans rougir. Elle a grandi moralement. Elle a assuré plus d'indépendance à l'Italie, elle a sauvé à la fois la dignité et la paix.

Tel était le plan du premier cabinet républicain ; les trois quarts de ce plan étaient accomplis. Le dénouement seul restait à accomplir. Il a été brisé par le canon du 23 juin à Paris, et par la politique différente et peut être forcée des cabinets républicains qui nous ont succédé.

§ V.

Mais pour que vous ne pensiez pas que ces beaux résultats, à la fois français, libéraux et pacifiques, sont un roman diplomatique dont on vous combine les plans et dont on vous arrange les scènes après coup, je vais vous donner des faits qui vous montreront que ce qui vous semble un beau rêve était la plus prochaine et déjà la plus accomplie des réalités.

« Deux fois après ses revers et avant la réunion de
» l'Assemblée constituante, le 8 mai 1848, le cabinet
» autrichien nous a fait faire, par ses agents officiels
» à Paris, des ouvertures pour un arrangement des
» affaires d'Italie sur les bases suivantes proposées
» par l'Autriche elle-même au consentement de la
» France : 1° *Indépendance complète de la Lombardie*
» *évacuée par l'Autriche, à la condition que la Lom-*
» *bardie payerait sa dette;* 2° *Indépendance adminis-*
» *trative et politique de Venise avec une constitution*
» *propre et spéciale, mais sous un prince de la maison*
» *d'Autriche comme la Toscane.* »

On voit que nous étions bien près du but, et certes j'étais loin de l'écarter.

Enfin, quelques jours après, et au moment où la fortune des armes tournait déjà évidemment du côté de Radetsky, voici la note que le ministre des affaires étrangères de Vienne faisait présenter à Londres, en *réclamant l'intervention de l'Angleterre.*

« Le royaume Lombardo-Vénitien resterait sous la
» souveraineté de l'empereur ; il aurait une adminis-
» tration distincte de celui du reste de l'empire, ad-
» ministration exclusivement nationale dont les bases
» seront fixées par les représentants du royaume, sans
» *aucune intervention* du gouvernement impérial. Un

» *ministère italien* servirait de trait d'union entre les
» deux gouvernements. Un archiduc, vice-roi serait
» placé à la tête de l'administration. Le royaume
» supporterait sa part de la dette, et l'armée du
» royaume serait nationale. Nous regardons l'ir-
» ruption de la France en Italie comme probable et
» prochaine. Si demain les Français passent les Al-
» pes et descendent en Italie, *nous n'irons point à
» leur rencontre*. S'ils viennent nous chercher, *nous
» nous retirerons vers nos Alpes*, nous n'accepterons
» pas de bataille, nous resterons spectateurs, etc. »

Or, voulez-vous savoir maintenant quelles étaient les dispositions de l'Angleterre relativement à cette intervention que l'Autriche implorait d'elle, et juger par ces dispositions si la guerre générale devait comme on le dit résulter de notre médiation armée en Piémont? Voici les paroles confidentielles de l'ambassadeur d'Angleterre à la cour de Vienne, le 5 avril 1848 :
« *Le gouvernement de la République française aurait
» besoin de la guerre pour se soutenir; nous souhaitons
» que vous ne lui en fournissiez pas l'occasion.* »

§ VI.

Non, le gouvernement de la République n'avait aucun besoin de la guerre pour se soutenir ; l'équilibre lui suffisait, sa sagesse l'avait assuré ; sa politique étrangère, inoffensive aux gouvernements, respectueuse pour les nationalités, servie par la sympathie des peuples en Allemagne, redoutée et appelée

comme médiatrice en Italie, avait conquis cet équilibre. Ces dépêches vous en font foi. Avais-je donc tort de m'écrier, un mois après, à la tribune de l'Assemblée constituante : « La République a relevé en
» trois mois et sans guerre les affaires et les influences
» légitimes de la France, plus haut que dix batailles ne
» les avaient jamais portées. »

Un seul de ses gestes pouvait soulever l'Allemagne ou nationaliser l'Italie. Ces aveux de l'Autriche et ces supplications à l'intervention contre l'ombre seule de l'armée des Alpes, sont de meilleurs témoins que moi, et c'est la conscience de cette vérité, de cette sécurité et de cette grandeur dans la paix dont la France avait en ce moment le sentiment, qui enflait de joie le cœur de la République, et qui rendait le peuple si sage et si souple à gouverner.

§ VII.

L'heure de descendre en Italie sonna quelques heures après les sinistres événements de juin. Un autre gouvernement tenait les rênes, il n'avait plus sans doute la même liberté de ses mouvements, la même disponibilité de nos forces militaires; je l'ai dit deux fois en face de lui; je ne le condamne pas, je ne le juge pas, je n'ai pas les éléments de ses résolutions; mais l'abandon de notre ligne de politique étrangère et de la *médiation armée* de la République française en Piémont, a pu entraîner, de déviation en déviation, selon moi, fatalement toutes les conséquences faibles, fâcheuses, embarrassées, et enfin fausses et déplorables que nous avons aujourd'hui à subir, à traîner, à expier dans l'affaire de Rome. Voici comment :

§ VIII.

L'Autriche se sentant facilement victorieuse d'une seule puissance organisée et militaire qui pouvait peser de quelque poids contre elle en Piémont et en Lombardie, reprit confiance et osa tout. N'ayant à traiter qu'avec une petite monarchie italienne vaincue, révolutionnée, sans chef et sans roi, par les défaites et par l'abdication de *Charles-Albert*, elle revint sur toutes ses concessions et sur toutes ses pensées du mois précédent. L'ombre de la médiation armée de la France n'étant plus là pour la rendre réservée, sage et conciliatrice, elle foula librement sous ses pas la Lombardie, occupa Alexandrie, cette clef de la plaine et des montagnes, et menaça Turin ; un pas de plus, elle pouvait, puisque nous restions spectateurs impassibles, occuper Chambéry, le pont de *Beauvoisin* et le pont du *Gard !* L'Autriche était en droit, sans doute, de vaincre le Piémont, puisque le Piémont lui avait le premier déclaré la guerre ; mais le Piémont, par l'esprit des traités comme par la nature, étant une *puissance-limite,* une *nation intermédiaire* et destiné, par sa création, à s'interposer, à prévenir le contact entre la France et l'Autriche, la

France avait le droit d'entrer de son côté comme médiatrice armée en Piémont. La Restauration elle-même l'avait admis en 1821, dans des circonstances toutes semblables, et M. de Chateaubriand, ministre peu révolutionnaire de sa nature, l'avait demandé comme une satisfaction à la sûreté et à la dignité du trône français. Je faisais comme lui ; ce n'était pas trop osé pour la République d'être aussi nationale que la Restauration.

Secondement. L'Italie centrale et méridionale se voyant dénuée de tout appui moral et de toute médiation armée par la France, se précipita dans les agitations convulsives et dans les mesures extrêmes que le désespoir inspire aux peuples au bord de leur ruine. La Toscane tomba en démagogie, et Rome, après des assassinats impunis et honorés, et après la fuite de son pontife, se proclama république. C'était son droit, sans doute, mais c'était aussi sa faute capitale dans de telles circonstances, car c'était le défi jeté dans un mot aux puissances catholiques, et jeté par une ville trop faible pour soutenir seule un pareil défi.

§ IX.

Les choses en étaient là en Italie, quand le gouvernement temporaire du général Cavaignac se retira devant le gouvernement définitif du 10 décembre, et devant la présidence constitutionnelle de Louis-Napoléon Bonaparte. L'Assemblée constituante siégeait encore, la question de Rome y fut traitée. Le Gouvernement était dans un immense embarras, car il ne trouvait plus les choses entières ; l'Assemblée elle-même était aussi embarrassée et aussi combattue que le Gouvernement.

Il n'y avait plus à intervenir en Piémont. On avait manqué l'heure, laissé périmer le droit, périr la cause; on avait pris, de plus, des engagements avec l'Angleterre pour une intervention commune. On n'avait donc plus que l'un de ces trois partis à prendre :

Ou reconnaître la république romaine, et s'allier avec cette municipalité contre l'Europe;

Ou combattre avec l'Europe contre cette république municipale de Rome;

Ou, enfin, rester neutre, s'interdire toute intervention, toute immixtion armée dans les actes libres d'une ville indépendante en exigeant en même temps de l'Autriche et de l'Europe cette même neutralité, et en s'opposant à toute intervention armée des autres puissances à Rome.

Voilà les trois partis entre lesquels l'Assemblée et le gouvernement avaient à se prononcer.

LE
CONSEILLER DU PEUPLE.

Première Partie.

LE PASSÉ, LE PRÉSENT, L'AVENIR
DE LA
RÉPUBLIQUE.

LIVRE II.

SITUATION DE LA RÉPUBLIQUE A L'EXTÉRIEUR.

(Suite.)

CHAPITRE II.

§ X.

Reconnaître la république romaine et s'allier offensivement et défensivement avec cette municipalité, c'est ce que demandait la *Montagne*.

Je le dis franchement, c'était fou, et, de plus, c'était une folie puérile. Il y a une proportion à garder, indiquée par le bon sens, entre la parité et la grandeur de deux puissances qui s'allient entre elles pour défendre ou conquérir des intérêts communs. Quelle proportion y avait-il entre l'immensité des intérêts que la France engageait et la petitesse des intérêts que la ville de Rome engageait dans une pareille alliance solidaire? Une municipalité contre un empire! Cela fait pitié.

§ XI.

De plus, s'allier offensivement et défensivement avec la république romaine, au moment où le palais du pontife de la catholicité venait d'être assailli à coups de feu et où les meurtriers de son ministre constitutionnel triomphaient impunis dans les rues de Rome, c'était, d'une part, déclarer la République française en complicité d'hostilité contre la catholicité tout entière; c'était flétrir la France en mettant la main de la France républicaine dans la main de ceux qui toléraient les assassins dans un État civilisé! Un cri d'indignation aurait soulevé l'honneur de notre révolution mésalliée.

§ XII.

Combattre et immoler, avec l'Europe, la république romaine, cela ne se pouvait pas davantage sans violer toute logique et toute vérité de situation; les deux principes de la République française s'y opposaient. Les gouvernements peuvent faire impunément bien des fautes, la faiblesse humaine les pardonne; mais, sous peine de mort, ils ne doivent jamais faire de contre-sens, car les gouvernements vivent de vérité. Les révolutions doivent modérer leurs principes, mais elles ne doivent jamais les fausser.

§ XIII.

Qu'est-ce que la République de 1848? C'est une continuation gouvernementale et une application régulière des principes reconnus vrais, bons et sains de la Révolution française.

Quels sont deux des principes fondamentaux de la Révolution?.

1° L'indépendance et l'inviolabilité de la volonté des peuples dans l'exercice de leur souveraineté et dans leurs modifications de gouvernement chez eux.

2° La liberté complète des consciences en matière religieuse, l'émancipation de la conscience des peuples de toute tyrannie de la puissance civile en matière de foi.

Ces deux principes, pour lesquels la Révolution française avait soulevé le monde, n'avaient jamais, depuis, été répudiés par elle. Ils étaient encore les deux principes fondamentaux, les deux causes, les deux raisons d'être de la République de 1848. Personne ne le niera, c'est l'évidence.

§ XIV.

Or, que faisait la République française de 1848 en

allant combattre sans provocation, sans contiguité et sans droit la République romaine par la main de nos soldats? Elle marchait à la fois contre ces deux principes.

Contre le libre exercice de la souveraineté des peuples, et contre leur droit de modifier à leur gré leur gouvernement.

Contre l'émancipation de la conscience des liens ou des chaînes du pouvoir civil.

Elle punissait les Romains d'avoir voulu user à Rome du droit de changer de gouvernement, droit dont nous venions d'user pour la septième fois à Paris en un demi-siècle.

Elle condamnait les Romains à rester à jamais, pour le bon plaisir et pour la commodité de la catholicité, serfs de conscience, ilotes à perpétuité d'un pouvoir où la conscience et le gouvernement sont dans une seule main!

C'est-à-dire que la République française marchait à Rome contre elle-même, et que la guerre qu'elle allait intenter à ce peuple faible, imprudent, coupable peut-être, mais libre, n'était pas seulement un contre-sens, mais une apostasie en action de tous ses principes. Tous les dogmes de la révolution et de la philosophie française, depuis un siècle, se soulevaient contre une si flagrante inconséquence.

§ XV.

Restait le troisième parti : une neutralité scrupuleuse, ferme et prudente. Respecter la transformation libre d'un peuple, ce peuple ne fût-il qu'une ombre sur un sépulcre; ne pas s'allier, ne pas intervenir, et ne permettre à aucun prix l'intervention aux autres puissances.

Attendre ainsi une de ces deux choses : ou que l'ébullition de Rome s'affaissât de soi-même, si elle n'était qu'un accès de démagogie, ou que la révolution romaine se régularisât, et traitât d'elle-même avec le pontificat catholique à des conditions agréées par tous les deux. Et, en attendant, offrir asile, inviolabilité personnelle, respect et dignité, non au souverain d'un peuple, mais au pontife de la catholicité. C'est le parti que je conseillai, dans la discussion, à l'Assemblée constituante et au gouvernement. Ces conseils parurent consentis même par la partie raisonnable et politique de la Montagne. Le ministère parut vouloir s'y tenir.

§ XVI.

Mais le ministère voulut quelques jours après aller plus loin, et il dévia.

Qui ne s'est rendu compte de cette déviation, dans laquelle l'Assemblée constituante l'encouragea si aveuglément elle-même?

La Montagne criait avec raison, en regardant expirer le Piémont, Venise, la Toscane, l'Italie entière : « Vous laissez effacer l'ombre de la France de tout » le sol italien ! »

Il fallait étouffer ces cris par quelque geste de la France dans les affaires de la Péninsule.

On disait au ministère ou bien le ministère se disait à lui-même : Nous sommes écrasés sous les invectives de l'opposition, si nous avons l'air de nous désintéresser de tout en Italie, et si nous laissons l'Autriche seule remuer ou calmer à son gré la péninsule. Il faut absolument paraître dans le dénouement; nous le tempérerons, nous le modérerons, nous aurons l'apparence de l'avoir dominé; plutôt une mauvaise place que point de place à la France dans cet appaisement tel quel de l'Italie.

D'un autre côté, le parti, non pas religieux, le parti religieux est très-indifférent à ce qu'il y ait à Rome une constitution, une république, une olygarchie ecclésiastique ou un gouvernement temporel laïque, pourvu qu'il y ait un *pontificat indépendant*, un centre d'autorité pour la communion chrétienne quelque part; mais le parti qui fait de la souveraineté temporelle de l'église une question de système, un article de politique et de prédominance mondaine, plutôt qu'un article de foi, poussait vraisemblablement le gouvernement dans cette voie.

« Profitez de l'occasion, lui disaient sans doute les » hommes de l'école de Grégoire VII, les admirateurs » du moyen-âge. Vous êtes un gouvernement nou-
» veau, vous êtes un nom à refaire, vous avez besoin
» de vous tremper dans une large et sainte popula-
» rité, nous vous l'offrons. Il n'y en a guère pour
» vous dans la liberté, car votre rôle de restaura-

» tion d'ordre et de dictature d'une république
» agitée à son début vous condamne à réprimer sou-
» vent. Voilà de la popularité dans la religion;
» faites-vous le bras armé du pouvoir temporel du
» pape, le catholicisme flatté se donne à vous; il ne
» devrait être qu'une conscience, il est vrai; mais nous
» en ferons un parti électoral, et ce parti vous payera
» en adhésion et en force populaire le service que
» vous aurez rendu à nos préjugés de gouvernement
» temporel au Vatican! »

§ XVII.

Ainsi menacé, tiraillé, indécis, ne voulant pas faire tout ce qu'il a fait, ne sachant pas au juste ce qu'il allait faire, le gouvernement a lancé l'expédition française à Rome. Une fois débarquée, notre armée s'est trouvée forcément sous les fourches *caudines* de la souveraineté temporelle du pape et de l'immolation de la nationalité romaine. Il n'y avait plus à reculer. Car, une fois à Rome, pactiser et s'allier à Rome avec la république, c'était déclarer la guerre universelle à la catholicité, c'était forcer l'église à abdiquer sa souveraineté mondaine entre les mains d'un général français, c'était demander ce que le ciel et la terre n'obtiendront jamais, c'était prendre à perpétuité la dictature à Rome et la place des pontifes criant vengeance à l'univers chrétien!

Impasse visible! affreuse! infranchissable! nous y sommes! Nous n'avions plus que ces deux issues:

un congrès pour pallier honorablement notre erreur et diminuer notre faute en la partageant avec les cabinets européens; ou bien revenir silencieusement sur nos pas, et attendre une autre circonstance pour réparer le tort fait à l'avenir par cette déviation de notre droit chemin.

CHAPITRE III.

§ Ier.

Mais pendant que ces fatales conséquences de notre faible diplomatie se préparaient, se déroulaient, s'accomplissaient ainsi en Italie par suite nécessaire de notre inaction en Piémont, cette inaction, cet effacement trop complet de la France en Italie entraînaient d'autres conséquences également fatales en Allemagne et en Hongrie. Vous allez le voir d'un coup d'œil.

Et d'abord, entendons-nous bien : je ne mets pas au nombre de ces conséquences funestes les tentatives démagogiques réprimées à Stuttgard, à Munich, à Berlin, à Vienne, les assassinats punis à Francfort, la dislocation des Etats allemands arrêtée dans ses excès, l'ordre, les constitutions régulières, la discipline des troupes et la sécurité des citoyens rétablies en Allemagne par la main des armées allemandes; non, il n'y a que le génie du mal et de la destruction qui puisse se réjouir du spectacle de ce chaos; l'Allemagne peut comme nous faire des pas dans sa liberté, sans faire des chutes dans des déluges de sang et dans des abîmes d'anarchie. Nous n'avons jamais désiré ces calamités à nos ennemis, à plus forte raison à nos voisins et à nos amis de l'Allemagne. Dieu lui-même ne trouvera pas un brandon ni un souffle du premier cabinet de la République française dans ce commencement d'incendie en Allemagne. Je l'affirme à ceux qui se complaisent à calomnier la politique étrangère de la République, afin de calomnier les hommes qui la dirigeaient.

Mais j'appelle conséquence fatale l'intervention irrégulière de la Russie dans la lutte de la nationalité hongroise, et l'extermination de l'armée hongroise par les armées combinées de l'Autriche et du czar. Je ne prétends pas que la querelle d'une partie de la race hongroise (la race Magyare) contre l'autre partie (la race Slave), et que la lutte de la Hongrie ainsi divisée d'avec elle-même contre l'Autriche fût le moins du monde une cause française ou même démocratique. Je sais parfaitement qu'il n'en est rien; que cette guerre était une double ou triple guerre d'un caractère très-étranger à nos débats et à nos révolutions de ce côté-ci du monde occidental; guerre civile entre les Hongrois eux-mêmes pour des querelles historiques d'origine et pour des jalousies de race; guerre fédérale entre les Hongrois et les Autrichiens pour des conditions plus ou moins indépendantes de fédération ou d'intérêts de nationalité à reconquérir. La France, la République, la démocratie n'avaient pas un atôme de leur cause propre engagée dans cette confusion de conflits ; c'est vrai.

Mais il est vrai aussi que l'affaiblissement de l'Autriche en Hongrie par le relâchement ou par la rupture du lien fédéral entre l'Autriche et la nationalité hongroise était une cause heureuse d'indépendance de l'Italie pour deux raisons :

La première, parce que la Hongrie pendant sa lutte héroïque et après ses victoires aurait cessé de recruter de ses renforts les armées autrichiennes en Italie.

La seconde, parce que la nécessité pour l'Autriche de combattre ou d'observer en Hongrie, était une diversion puissante sur ses derrières qui l'affaiblissait, la paralysait et la disposait, comme vous l'avez vu, à de larges concessions en Lombardie.

§ II.

Mais l'Autriche voyant que le second gouvernement de la République à Paris ne faisait pas usage de l'armée des Alpes, usage pour lequel le gouvernement provisoire l'avait rassemblée aux portes de Chambéry; que la France se contentait de négocier de concert avec l'Angleterre, au lieu de porter dans les plaines du Piémont le poids de son armée dans une médiation; l'Autriche, disons-nous, voyant cela, et rassurée sans doute tout bas par l'Angleterre, sa confidente, put tourner toute son attention, toute son énergie militaire et ses principales forces contre la Hongrie, certaine, après sa victoire et ses vengeances en Hongrie, de revenir avec la masse de ses forces libres, dominer et assujettir en Italie.

Et c'est pour l'aider dans cette œuvre que la Russie, prenant prétexte de sa propre sécurité en Pologne, lui prêta une armée contre les Hongrois.

Les Hongrois, divisés entre eux, ayant à combattre l'armée russe d'un côté, l'armée autrichienne de l'autre, ont mis bas les armes. L'Autriche est redevenue libre de ses mouvements en Italie, et les choses, si changées à notre avantage et si magnifiques pour notre diplomatie au mois de mars, d'avril, de mai et de juin 1848, sont redevenues ce qu'elles étaient à peu près avant les événements de Février, avec un mauvais exemple d'intervention russe de plus, en Hongrie, contre les lois de l'équilibre européen ; avec un second exemple d'intervention de plus par nous, à Rome, contre les droits de l'indépendance des peuples ; avec la Hongrie pacifiée dans son sang, et le Piémont diminué dans sa force morale.

Voilà un des résultats de nos fautes en Italie et de notre inaction au moment fixé pour agir.

Mais, soyons justes, il reste cependant au bénéfice de la République, comme résultat définitif de ces deux années, l'influence de l'émotion de sept ou huit peuples qui se sont levés pour la liberté, et qui ont gardé, avec la confiance de leur force, des institutions en progrès, une constitution très-libérale en Prusse, une constitution fédérative et représentative à Vienne même, des constitutions démocratiques dans tous les États secondaires de l'Allemagne, une ébauche et un esprit de reconstruction germanique plus indépendante des grandes puissances qui pouvaient autrefois entraîner toute la Germanie contre nous, un génie allemand désormais ombrageux et ennemi du génie russe, et nous assurant presque autant d'alliés qu'il y a d'États allemands; il reste une constitution à Naples, à Turin, en Toscane, et bientôt, sans doute, une constitution mixte à Rome même; il reste, enfin, après beaucoup d'espérances réalisées et beaucoup de déceptions amères pour la République, une alliance libérale forcée entre la France et l'Angleterre unies pour couvrir la sécurité et les progrès de la Turquie, et la paix du continent et des mers aussi assurée qu'avant le 24 février.

C'est la première fois qu'un aussi grand événement qu'une république de trente-six millions d'hommes se sera fait jour et aura pris sa place dans la famille des peuples, sans que la paix de l'univers en ait été troublée. Cet horizon suffit pour le moment aux amis de la démocratie et de l'humanité, et doit faire pardonner à Dieu et aux hommes quelques erreurs dans la conduite des affaires extérieures de la République. Le temps est aux nations; laissons le temps développer des germes de solide grandeur et d'ambition désintéressée dans un sol de paix !

CHAPITRE IV.

LES FINANCES DE LA RÉPUBLIQUE.

§ Ier.

Vous venez de vous assurer par vos propres yeux que les questions de gouvernement intérieur et que les affaires extérieures de la République ne présentent aucun danger qu'on ne puisse éviter de révolution subversive au dedans, de guerre de coalition au dehors. Jetons maintenant un coup d'œil sur les finances de la République, et voyons s'il y a quelque chose de vrai dans ces sinistres prophéties dont les esprits ignorants, prévenus ou alarmistes ne cessent d'assiéger nos oreilles depuis le lendemain du 24 février.

Il y a deux natures de *pessimistes*, c'est-à-dire de *prophètes de malheurs*, en matière de finances dans la République :

Les alarmistes de bonne foi, qui ont peur parce qu'ils ne voient pas clair dans les finances de l'État;

Et les socialistes révolutionnaires, radicaux en finances, qui font semblant d'avoir peur et de désespérer du trésor, afin de pousser la République aux mesures extrêmes, subversives, destructives de propriété, de crédit, de commerce, d'industrie, de travail et de confiance. Mesures qui sont les rêves et les manies de ces hommes, sans aucune applicabilité dans l'esprit.

Nous ne parviendrons pas à illuminer d'évidence

ces aveugles volontaires ; essayons du moins d'éclairer les hommes de bonne foi et de bonne volonté. Touchons en passant toutes les questions de finances qui ont été touchées, déplacées et brisées par les financiers socialistes, depuis qu'ils sont montés à la tribune ou qu'ils ont écrit dans les journaux pour y attester le néant ou l'illusion de leur système d'enrichissement de tous par la ruine de chacun.

Afin de ne pas fatiguer votre esprit de détails et de chicanes de calculs qui embarrasseraient le raisonnement et qui surchargeraient votre mémoire, je ne me servirai que de cinq ou six gros chiffres ronds qui serviront de base à notre discussion. Lors même que tel ou tel chiffre serait modifié dans tel ou tel budget, la conclusion reste la même. Quand on calcule par milliards, les fractions importent peu. Ce sont des idées et non des chiffres que nous cherchons.

LA FORTUNE PUBLIQUE.

§ II.

Décomposons-la.

La fortune publique de la France se compose de la masse de toutes les fortunes privées immobilières ou mobilières, territoriales ou industrielles, commerciales ou autres, appartenant à l'État, d'abord, puis à tous les individus qui vivent ou possèdent en France ou dans ses colonies.

Évaluer la masse de cette fortune publique exactement est impossible ; c'est le capital national ; c'est un capital qui change, qui se modifie, qui s'accroît ou qui diminue selon que la population du pays diminue ou s'accroît de nombre ; selon que cette population défriche, plante, sème, moissonne, bâtit, trafique plus ou moins; selon que des industries nouvelles donnent plus ou moins de valeur au sol, aux mines, aux bois, aux houilles, aux éléments des manufactures nationales; selon que les saisons, ces finances de Dieu, secondent plus ou moins le travail de l'homme et rendent l'année prodigue ou avare de récoltes ou de moissons ; selon que le *numéraire,* qui n'est que la représentation de la valeur des denrées, est plus ou moins abondant et plus ou moins actif dans la circulation ; selon que la lettre de change, les effets à terme entre particuliers, numéraire de convention et de papier, est plus ou moins multiplié entre les citoyens ; selon, enfin, que le *crédit,* ce numéraire illimité, inspire plus ou moins de confiance à tous dans chacun et à chacun dans tous.

Tout cela influe séparément ou à la fois sur l'évaluation du capital national.

Quand l'argent est rare ou caché par la peur, l'hectare de terre ou la maison qui valaient dix mille francs, je suppose, n'en valent plus que cinq mille, car les choses ne valent, au fond, que ce qu'on en donne; par conséquent, si la France, en hectares et en maisons, valait deux cents milliards, la France ne vaut plus que cent; si la France, qui a produit l'année dernière vingt milliards en récoltes et en moissons, n'en a produit que dix cette année, le capital de la fortune territoriale de la France aura baissé de dix milliards; si le travail industriel, qui a produit deux milliards de valeurs fabriquées les années précédentes, n'en a produit qu'un cette année, le capital de la fortune mobilière de la France aura baissé d'un milliard; si les lettres de change, les effets à terme entre particuliers ont disparu momentanément dans une proportion de trois milliards, le capital circulant de la France est réduit momentanément aussi de trois milliards; enfin, si la peur ou les menaces de spoliation adressées par des insensés aux capitalistes, ont fait fuir, tarir ou enfouir, pendant cette panique, un milliard d'argent ou d'or monnayé, le prix de toute chose, meuble ou immeuble, denrée de luxe ou denrée de nécessité, terre, industrie, travail, prix de la journée de l'ouvrier, a baissé aussi nécessairement, par ce seul fait, dans la proportion d'un milliard ou du tiers à peu près du numéraire total circulant en France; car on croit, sans le savoir néanmoins bien positivement, que la France possède trois ou quatre milliards de numéraire or et argent; et, par conséquent aussi, la valeur totale de la France en capital aura, pour quelques mois, baissé d'environ un tiers ou un quart; c'est-à-dire que si la France tout entière était à vendre, et qu'il se présentât un capitaliste assez riche pour l'acheter, ce capitaliste, au lieu d'en donner quatre cents milliards, n'en donnerait, pour le moment, que trois cents milliards.

§ III.

Mais que les saisons soient favorables ; que les industries se remettent à l'ouvrage ; que la sécurité rentre avec le bon sens dans les esprits ; que les menaces sauvages des radicaux contre la propriété soient appréciées à leur véritable puissance, c'est-à-dire à rien ; que le gouvernement républicain se constitue, se régularise, s'affermisse et passe dans l'habitude comme tout autre gouvernement ; que la confiance renaisse ; que les particuliers recommencent, comme cela a lieu déjà, à se faire les uns aux autres des billets à terme, des effets de commerce, représentation de cette foi qu'ils ont les uns dans les autres ; que le crédit se ranime, que l'or et l'argent enfouis, mis en réserve ou paralysés par la panique, se remettent en mouvement pour acquérir à ceux qui les possèdent, terres, maisons, meubles, jouissances ou intérêts ; à l'instant, ce capital réduit de la fortune publique qui ne valait plus que deux cents milliards, se relève, se multiplie indéfiniment par le chiffre de la population croissante, des propriétés bâties et meublées, du sol défriché et planté, du travail décuplé ; et la France qui ne valait, je suppose, que trois cents milliards en 1848, vaut dix, douze, vingt et cent milliards de plus dix ans après ! Car la valeur en capital d'une nation est indéfinie, ne l'oubliez pas ; c'est là la base de toute vérité en finance !

§ IV.

Le capital de la fortune publique d'une nation est infini. Pourquoi? Parce qu'une nation est immortelle, et que ce capital ne se mesure qu'au nombre indéfini d'habitants qui peuvent se multiplier sur le sol géographique d'un peuple ou de ses colonies, et aux facultés indéfinies aussi de travail, de production, de commerce et de consommation de ce nombre indéfini de citoyens! Voilà ce qui doit rassurer à l'avenir les financiers timides sur les dettes des nations. Le temps les amortit et les paye. Il suffit que l'intérêt de ces dettes ne dépasse pas les forces présentes de la génération qui a à les payer.

Essayez d'évaluer la valeur vénale du capital de l'Angleterre, par exemple sous Charles II, avant sa dette et avant sa colonisation des Indes et de l'Amérique, et évaluez, si vous l'osez, aujourd'hui la valeur vénale de cette même Angleterre depuis sa dette et de puis sa colonisation de deux cents millions de sujets travaillant ou consommant pour elle! Vous reconnaissez que j'ai raison de vous dire : Le capital de la fortune publique d'un peuple est illimité. Vous vaudrez ce que vous voudrez valoir. Vous vaudrez ce que vaudra votre civilisation. L'essentiel c'est de vous faire enfin des idées justes en finances.

§ V.

Jusqu'ici on n'a donné au peuple dans les livres

populaires que des idées fausses et des préjugés puérils sur cet objet, en comparant toujours l'État à un particulier dans le maniement de sa fortune. Mais l'Etat est le contraire d'un particulier. Pourquoi encore? C'est qu'un particulier est borné dans sa fortune et borné dans sa durée. Il peut manger son capital et il doit mourir avant que les améliorations qu'il y a faites aient fructifié; il peut arriver au bout de son capital, être écrasé par ses dettes, sommé de rembourser, exproprié enfin par ses créanciers. Rien de tout cela ne peut arriver à l'Etat; il ne doit jamais un capital supérieur à ce qu'il possède; il n'arrive jamais au bout de son capital parce que ce capital s'accroît toujours et indéfiniment; il ne peut jamais être exproprié, car il est tout le monde; il ne meurt pas et il ne liquide pas dans un mauvais moment, car il est immortel.

Renoncez donc une fois pour toutes à cette idée spécieuse, mais absurde, léguée par *Sully, Vauban, Fénelon*, et les financiers de l'enfance de l'économie publique, qui donnent l'administration du *père de famille* comme règle et comme modèle à l'administration des finances de *l'État*. C'est comme si l'on donnait le fini pour règle, pour modèle et pour mesure à l'infini. Un père de famille est un homme. Une nation est une divinité en puissance de création et de multiplication de son capital.

CHAPITRE V.

DE L'IMPOT.

§ 1er.

Il y a une autre idée non moins funeste et non moins absurde, dont ces mêmes hommes et les hommes de leur école ont constamment depuis stupidifié l'intelligence du peuple en finances. C'est cette idée que l'impôt est un larcin fait par l'Etat, le fisc, le trésor public aux particuliers, au profit de la rapacité et du néant !

C'est cette idée que l'État est un ennemi, que le trésor public est une caisse sans fond, que le *fisc*, autrement dit la *recette* de l'impôt par l'État, est une espèce de monstre, de sangsue énorme, de vampire altéré d'or, d'argent et de cuivre, qui dévore les deniers du peuple et qui les rend en misères, en stérilités et en affamements ; c'est cette idée, enfin, que l'impôt est non-seulement un vol fait par l'État, mais que c'est un vol stérile, qui anéantit au détriment de tous, les valeurs, les subsides, les contributions qu'il enlève à chacun.

§ II.

On comprend que ces idées soient nées et qu'elles aient eu cours dans des temps où les rois, maîtres absolus, étaient, comme Louis XIV, des espèces de *propriétaires* de la nation tout entière, prélevant à leur gré, comme des décimateurs du pays, leur part des fruits de toutes les propriétés territoriales, industrielles, commerciales de leur sujets, et distribuant à des favoris, à des cours, à des architectes, à des moines ou à des maîtresses, selon leurs faiblesses, leurs superstitions ou leurs vices, la moelle de la terre et l'épargne enlevée aux pauvres pour enrichir des courtisans. On le comprend encore sous le gouvernement despotique de Napoléon, où le fisc impérial et la conscription, ce fisc de sang, enlevaient tous les ans au peuple le plus clair de son travail et le plus pur de sa substance, pour aller tantôt à Vienne, tantôt à Berlin, tantôt à Madrid, tantôt à Moscou, conduire, solder et dilapider des armées de huit cent mille hommes, qui laissaient sur la terre étrangère leur solde et leur vie, pour nourrir la gloire d'un seul homme.

Mais aujourd'hui que les peuples ont retiré à eux la propriété d'eux-mêmes; mais depuis que le système constitutionnel a appelé les nations à délibérer leurs dépenses et à voter elles-mêmes leurs impôts par la main de leurs propres mandataires; mais à présent, surtout, qu'il n'y a plus en France ni roi, ni cour, ni église propriétaire séparés d'intérêt du reste du pays, ni caste privilégiée, ni électeurs choisis dans telle ou telle catégorie étroite ou cupide de la fortune publique; à présent que la nation est une comme la nature, que chaque citoyen nomme son représentant de confiance et de choix ; que l'ensemble de ces représentants est formé des délégués de toutes les provinces, de toutes les villes, de toutes les campagnes, de toutes les propriétés, de toutes les industries, de tous les métiers même, et que ces représentants ne peuvent avoir ni une autre origine, ni un autre esprit, ni un autre intérêt que celui de la nation ; considérer l'impôt comme un larcin, c'est dire que la nation s'amuse à voler la nation, et le peuple à ruiner le peuple ! c'est délirer.

§ III.

Rendons-nous bien compte de l'impôt d'abord ; nous verrons ensuite la mesure dans laquelle il faut le consentir et l'aimer même ; nous verrons enfin l'usage qu'on en doit faire pour qu'il soit en effet, non pas une cause de ruine, mais un des principaux éléments de la richesse publique, et surtout de la justice et de la bienfaisance de la République envers les citoyens.

CHAPITRE VI.

QU'EST-CE QUE L'IMPÔT ?

§ Ier.

C'est la part que la communauté s'est réservée de prélever en *nature*, en *argent*, ou même en *service personnel* sur la personne et sur la propriété de chacun de ses membres, en retour des services, des sécurités et des bénéfices que la communauté, autrement dit le gouvernement ou l'État, assure à chaque propriétaire ou à chaque citoyen dont la nation se compose.

Voulez-vous une autre définition plus claire et plus saisissante encore de l'impôt? La voici :

L'impôt est le loyer payé par chaque citoyen locataire de la communauté, pour la place qu'il occupe sur le sol, dans l'édifice ou sous la protection des lois de la société.

§ II.

La société ne s'élève pas, ne s'agrandit pas, ne se soutient pas, ne se répare pas, ne se perfectionne pas, ne se défend pas elle-même sans le concours des individus qui s'y forment en famille, en groupe, en nation. Il faut qu'elle se conquierre ou qu'elle s'assure d'abord une place sur le globe, un sol national, des frontières; il faut qu'elle élève sur ces frontières des places fortes, des villes de guerre, qu'elle fonde des canons pour en garnir les remparts, qu'elle y entretienne des garnisons, des corps d'armées, même en temps de paix, pour les rendre infranchissables à l'étranger; il faut qu'elle ait de plus (surtout si, comme la France, elle est une nation continentale) des armées nombreuses, habillées, équipées, armées, disciplinées, commandées, pour correspondre, au besoin, par leur nombre, au nombre des armées coalisées des nations voisines, et servir de garnisons mobiles à toute la partie de son territoire qui n'est pas enfermée dans des remparts.

Il faut que la société solde ces armées, ces journées et ces années de service militaire qu'elle a droit de demander à cinq ou six cent mille de ses enfants, pour que les autres vivent, cultivent et travaillent en paix.

Il faut qu'elle ait de plus une marine militaire, c'est-à-dire un certain nombre de vaisseaux construits, réparés, armés et montés de matelots et de soldats pour transporter, au premier signe, ses flottes ou ses armées navales dans ses colonies ou aux extrémités de l'univers; car le domaine national n'est pas seulement terrestre, il est aussi maritime; il s'étend sur toutes les mers où la nation a des points de littoral habités par des Français, des routes libres sur l'océan à maintenir pour son commerce, ou des alliés à protéger.

Ce n'est pas tout, il faut que la société fasse rendre partout la justice sur place à chaque famille, à chaque citoyen à qui l'on fait violence ou iniquité dans son droit. Pour cela, il faut qu'elle élève des tribunaux et qu'elle entretienne des magistrats de tous les degrés, depuis le juge de paix, cette première voix conciliatrice de l'équité, jusqu'au procureur général, ce suprême accusateur public au nom de la loi contre ceux qui la violent; et pour prêter force à la loi, pour faire obéir les arrêts de la justice, pour protéger le droit, la vie, la propriété, le champ, le seuil, la femme, la fille, la personne de chaque citoyen, il faut surveillance, police, force publique de sûreté individuelle, depuis le garde champêtre et le sergent de ville, jusqu'au commissaire de police, aux brigades de gendarmerie, aux geoliers des prisons, aux maisons centrales de détention, aux colonies pénales nécessaires pour séparer de la société ceux que la société rejette de son sein.

Or, il faut payer ce système immense et indispensable de protection des citoyens dans leur personne, dans leur honneur, dans leurs biens, dans leur domicile, dans leur vie !

Il faut que la société surveille non-seulement le corps, mais l'âme, l'intelligence, la moralité des générations nouvelles qui viennent naître et grandir tous les ans dans son sein.

Il faut qu'aux familles trop pauvres ou trop éloignées des villes, elle donne l'instruction, cette lumière de l'esprit, et qu'elle solde pour cet office, un des plus saints de tous, d'abord la nombreuse milice des instituteurs primaires dans les villages, puis les professeurs difficiles à trouver et chers à payer, qui enseignent, à la solde de l'État, dans les colléges, dans les lycées, dans les cours de droit, de médecine, de chirurgie, d'accouchement, d'art naval, d'art militaire, de l'école polytechnique, des écoles de peinture, de musique, de sculpture, d'arts et métiers répandus sur la surface du sol, pour élever les professions à la hauteur des sciences, pour exercer, annoblir, adoucir l'esprit et les mœurs du peuple, et pour maintenir le génie national de la France au niveau de son nom et de sa civilisation devant les autres peuples.

Il faut que la société paye encore dans l'état présent (état mauvais et irrégulier des cultes) le salaire de ceux qui exercent dans son sein la plus haute fonction de l'humanité, celle de rappeler la pensée de l'homme à Dieu, les ministres des cultes.

Il faut qu'elle bâtisse et entretienne les monuments de ces cultes, jusqu'au moment du moins où, mieux inspirée de Dieu, elle rendra plus de liberté et plus de dignité aux cultes, en les remettant entièrement à la conscience des familles et des citoyens, et où il n'y aura plus de religions du budget, mais les religions de l'association libre.

Il faut que la société ait une pensée, une volonté obéie, des yeux et des mains partout, sur les points les plus rapprochés comme les plus éloignés du centre, dans les dernières chaumières des Pyrénées ou des Alpes, pour être partout présente et serviable aux citoyens, pour faire exécuter toutes ses lois, pour administrer ses innombrables services, pour accomplir et faire accomplir tous ses devoirs, pour avertir le gouvernement du moindre désordre, pour appeler la force publique, pour gouverner, en un mot, le pays; c'est-à-dire, il faut qu'elle entretienne et qu'elle solde une forte et universelle administration publique : ministres, conseillers d'État, directeurs généraux, préfets, sous-préfets, inspecteurs, receveurs payeurs, vérificateurs, percepteurs des contributions.

Tous ces fonctionnaires ou employés de la société doivent vivre de leur salaire comme tout citoyen vit de son travail, et il faut que ce salaire soit proportionné à l'importance des fonctions : premièrement, pour qu'on craigne de le perdre en remplissant mal ses fonctions; secondement, pour qu'on ne soit pas tenté de suppléer à son insuffisance en se laissant corrompre par les citoyens plus riches, et en vendant la justice et les lois. C'est ce qui arrive partout où les fonctionnaires sont peu payés ou ne sont pas payés du tout. Ils se font payer par les plus riches, et les plus pauvres payent à la fin pour tous. C'est ce qu'on appelle l'aristocratie de la corruption. Les fonctions gratuites ne sont pas seulement la ruine de l'administration et de la justice, elles sont la ruine de la morale dans une démocratie, et finissent bientôt par être la ruine du contribuable lui-même. Le peuple, à cet égard, a des idées très-fausses. La prétendue économie sur les traitements est une économie sur la liberté et sur la grandeur du pays. Un fonctionnaire gratuit n'obéit pas ou obéit mal; il n'a point de responsabilité envers l'autorité supérieure, ni envers le peuple. Il fait la loi en haut et la loi en bas. Tout emploi qu'on ne craint pas de perdre est un emploi mal rempli. La monarchie paye en faveurs, l'autocratie paye en honneurs, la république paye en justice et en traitement.

Il faut enfin que la société, constituée, défendue, administrée et gouvernée sur son sol en nation, entretienne perpétuellement et sur tous les points du globe des rapports de toute espèce avec les autres sociétés, nations, gouvernements, qui couvrent le globe. Une nation est, à l'égard des autres nations, exactement ce que chacun de vous est à l'égard des autres citoyens vos voisins. Il y a une loi civile qui fixe les rapports de citoyen à citoyen ; c'est le Code. Il y a une loi politique qui fixe les rapports des nations avec les autres nations ; cette loi s'appelle le *droit des gens : gens,* ici, veut dire nations ; ce droit s'écrit dans les traités entre peuples.

Eh bien ! pour étudier, connaître, appliquer réciproquement ce droit des gens, ces traités, chaque nation doit entretenir chez toutes les autres des ambassadeurs, des envoyés, des plénipotentiaires, des consuls chargés de faire respecter leurs compatriotes, de surveiller l'exécution des traités, de faire des négociations, des représentations, de prévenir les ruptures, d'avertir leur propre gouvernement de ce qui se passe à l'étranger, des alliances, des coalitions qui se forment, des armées qu'on lève, des flottes qu'on équipe, des trahisons ou des agressions qu'on médite contre la France ; d'être, en un mot, la France elle-même présente, vigilante, puissante, menaçante ou conciliatrice, partout, dans toutes les cours et dans toutes les républiques.

Vous comprenez que sans cette institution des ambassadeurs et des consuls, les nations qui ne se surveilleraient pas, qui ne se communiqueraient pas leurs pensées, qui ne s'expliqueraient pas, qui ne se concerteraient pas entre elles, se froisseraient, se heurteraient et se combattraient à tout propos ; ce serait la guerre partout et toujours, comme si vous n'aviez ni bornes, ni juges-de-paix, ni avocats, ni tribunaux, pour limiter et garder votre part de champ; au lieu de labourer, vous combattriez tous les jours ; au lieu de charrues, vous conduiriez des caissons sur tous vos sillons.

Eh bien ! la société doit fournir, et fournir avec une certaine splendeur, à ces envoyés, à ces plénipotentiaires, à ces ambassadeurs, à ces consuls, les moyens de vivre honorablement dans ces cours, dans ces capitales, dans ces républiques, dans ces ports lointains, où ils ont à représenter la dignité et la puissance de la France devant les autres peuples. Le respect se mesure, chez les hommes éclairés, à la vertu et au mérite seuls ; mais chez les hommes vulgaires et peu civilisés, le respect se mesure à l'apparence, à l'extérieur, à la libéralité du fonctionnaire. Une nation qui se ferait représenter par des hommes nécessiteux et embarrassés de vivre passerait chez les autres pour une nation d'indigents. Quand un prêtre porte l'image d'un Dieu, quand un magistrat porte le symbole de la loi, quand un général porte l'épée du pays, ils sont vêtus avec dignité et splendeur ; quand on porte sur soi le nom de la France, on doit le porter décemment, sinon magnifiquement.

Ces agents de la République, au dehors doivent donc être libéralement rétribués, sous peine de dégrader dans l'imagination et dans l'œil des peuples l'idée de la France.

§ III.

Or, pour payer même parcimonieusement tous ces services indispensables à la société et à la nation : armée de terre, armée de mer, défense des frontières, justice, cultes, enseignement, travaux publics, routes, ponts, chemins vicinaux, chemins de fer, édifices publics, colonies, administrations, hospices, assistance de la République aux indigents, aux infirmes, aux enfants abandonnés, aux aliénés, aux aveugles, aux femmes en couche, aux voyageurs, aux réfugiés, aux ouvriers sans travail; pour entretenir avec l'étranger les rapports diplomatiques qui conservent les droits du pays et la paix du monde, et, enfin, pour payer avec probité et fidélité les intérêts de la dette publique, c'est-à-dire l'intérêt des capitaux que les citoyens ont prêtés à l'État, il faut environ quatorze ou quinze cents millions. Voilà l'impôt! Voilà la part que la communauté doit prélever sur la propriété, sur le revenu, sur l'industrie de trente millions de propriétaires, d'industriels, d'agriculteurs, de commerçants, ou de citoyens sans autre propriété que leurs bras, dont la nation est composée.

Combien cela fait-il, relativement au capital général de la fortune du pays? Environ la quatre centième partie; c'est-à-dire que si cet impôt était *improductif*, comme quelques raisonneurs sans idée vous le disent, et si ces quinze cents millions s'évaporaient en impôts sans retomber en rosée, en travail, en consommation et en reproduction sur le sol français, il faudrait quatre cents ans pour que cet impôt, ainsi absorbé et anéanti, eût dévoré la fortune ou la valeur actuelle de la France. Vous verrez tout à l'heure qu'il n'en est rien, et que l'impôt n'est pas perdu, mais seulement déplacé.

§ IV.

Combien cela fait-il, relativement au revenu de la France? Environ un dixième, et si l'on ajoute au revenu territorial de la France son revenu mobilier ou industriel, cela fait environ un vingtième du revenu général de la France.

Est-ce trop? Tout contribuable dira, sans doute, c'est trop! Tout poids paraît lourd à celui qui le porte. Mais la question n'est pas de savoir si c'est trop, la question est de savoir si la communauté peut accomplir à moins les services dont elle est chargée envers elle-même et envers ses membres.

Chaque fois qu'on énumère en gros ce chiffre de notre impôt, on dit, en effet: c'est trop! il faut le réduire! et chaque fois qu'on prend un budget et qu'on examine en détail, un à un, les articles de dépenses obligatoires, l'on reconnaît qu'à l'exception d'économies sur quelques traitements et sur l'Algérie, il est difficile que la France bien gouvernée, bien défendue, bien administrée, bien jugée, bien enseignée, bien réparée au dedans, bien respectée sur les mers, bien représentée au dehors, dépense moins d'environ quatorze ou quinze cents millions par an.

En voulez-vous la preuve ? Voilà trente-cinq ans que tous les partis, tous les hommes politiques, tous les journalistes, tous les candidats d'opposition ou de gouvernement qui veulent plaire à la France et se populariser dans les colléges électoraux, demandent à grands cris le gouvernement à bon marché, l'administration du pays au rabais, et qu'ils partent de vos villes et de vos villages en vous jurant qu'ils réduiront l'impôt; et voilà trente-cinq ans qu'après avoir approché de plus près les affaires, discuté et rogné les colonnes de vos budgets pendant six mois dans les bureaux, dans les commissions, à la tribune, ils reviennent tous, sans exception, la tête basse, dans leur village ou dans leur ville, en confessant qu'on ne peut pas réduire de beaucoup l'impôt sans découvrir le pays au dehors, sans le démolir au dedans, et que le budget, même sans guerre, grossit tous les ans?

Faut-il croire que tous ces hommes, royalistes ou républicains, hommes de Paris ou hommes des départements, agriculteurs ou banquiers, industriels ou commerçants, propriétaires ou prolétaires, sont tous, depuis trente-cinq ans, des aveugles, des complices ou des compères? Mais la France n'aurait donc que des imbéciles ou des fripons dans son sein! Non, il faut croire ce qui est vrai et ce qui est évident pour tout homme qui sait compter, c'est que les réclamations contre l'énormité de l'impôt vu de loin, tombent devant l'indispensable nécessité de chacune des dépenses nationales, dont le total forme l'énormité de cet impôt; et qu'après avoir combattu contre ce total, il n'y a pas un homme de bon sens qui ne vote, par patriotisme, presque toutes les dépenses en particulier.

§ V.

Pouvez-vous réduire, le lendemain d'une révolution démocratique et républicaine, l'armée d'un pays continental, militaire et colonisateur en Afrique, comme la France, au moment où l'Europe, indécise entre l'antipathie et le respect, hésite sur elle-même, et où les grands souverains de l'Europe, entourés d'armées, manœuvrent en Danemark, en Pologne, en Hongrie, en Prusse, en Autriche, sur le Rhin et en Italie, comme dans un vaste camp d'exercice? Mais la République et la France seraient à la merci d'un coup de tête de quartier-général à Varsovie, à Berlin, à Vienne ou à Milan !

Vous ne pouvez réduire votre budget de guerre qu'à la condition d'un désarmement réciproque et simultané des puissances européennes.

§ VI.

Pouvez-vous supprimer vos préfets et vos sous-préfets, déjà si parcimonieusement payés, et laisser vos départements se régir eux-mêmes, sans lien avec le pouvoir central? Mais vous détruiriez cette magnifique unité de la France qui s'anime d'une seule âme, qui lui communique une même volonté, qui lui fait faire partout, du même mot, le même geste et le même acte, au même signe de son pouvoir national centralisé, et qui donne à une nation de trente millions d'hommes la force de résister à la pression de cent quarante millions d'hommes dont elle est entourée sur son continent! Vous démembreriez ce grand peuple! D'un bloc indestructible, parce que toutes ses parties se tiennent, vous feriez une poussière de peuple, emportée en sens divers au moindre vent des factions au dedans, des coalitions au dehors!

§ VII.

Pouvez-vous supprimer votre marine, qui ne représente déjà pas assez l'importance de votre domaine naturel sur deux mers, de vos côtes, de votre commerce, de vos colonies? Mais alors supprimez l'Algérie, les Antilles, vos industries croissantes à l'intérieur, qui ont besoin d'exportation; vos vignobles, qui ont besoin de débouchés; l'honneur de votre pavillon, qui a besoin de vaisseaux pour le porter et le défendre! Supprimez la Russie dans la mer Noire, menaçant toutes les nuits Constantinople et les Dardanelles! Supprimez l'Autriche dans l'Adriatique! Supprimez l'Angleterre à Gibraltar et à Malte, et laissez la partie du monde oriental à conquérir se jouer sans vous, devant vous et contre vous, sur tous les rivages de la Méditerranée?

§ VIII.

Pouvez-vous supprimer la justice? Mais alors supprimez la propriété, qu'il faut défendre; les oppresseurs, qu'il faut réprimer, les passions, qu'il faut contenir ; la société, qu'il faut protéger ou venger !

Pouvez-vous supprimer l'enseignement du peuple? Mais alors supprimez la civilisation et la République, car un peuple ignorant et abruti devient en dix ans un peuple d'esclaves !

Pouvez-vous supprimer vos travaux publics? Mais alors supprimez l'agriculture, le commerce, les transports. La France, après vingt ans sans réparation, tombera en ruine, et la population ouvrière, qui vit de travail, tombera de l'aisance dans la mendicité, de la mendicité dans la révolte contre la faim, de la révolte contre la faim dans le vagabondage et le crime !

Votre budget des travaux publics, mais c'est l'assistance organisée, l'assistance par le travail, la meilleure assistance !

Pouvez-vous supprimer vos ambassadeurs et vos relations consulaires avec l'étranger ? Mais alors supprimez le commerce, supprimez la politique, supprimez le droit des gens, supprimez l'Europe, ou déclarez-vous en guerre organique et perpétuelle avec tout le monde ! en État sauvage dans l'univers civilisé !

Pouvez-vous supprimer les cultes, directement ou indirectement salariés par la République, ou par l'association libre de ceux qui pratiquent une même foi? Mais alors supprimez Dieu dans le ciel, et l'idée de Dieu, et les moralités qui en découlent dans le cœur des hommes !

Pouvez-vous supprimer le payement des intérêts de la dette? Mais alors supprimez vos créanciers, et déclarez la banqueroute, cette confiscation la plus horrible de toutes, la confiscation d'un dépôt!

CHAPITRE VII.

§ Ier.

Vous voyez donc qu'à moins de tomber de l'indépendance nationale sous le joug de l'Europe, et de la richesse dans la misère, de la civilisation dans la barbarie, de la moralité dans l'abrutissement, dans l'athéisme, vous ne pouvez pas beaucoup réduire vos quatorze ou quinze cents millions d'impôt.

Maintenant, cet impôt est-il improductif? est-il une perte sèche? est-il un appauvrissement, comme les ignorants vous le disent, pour l'ensemble de la nation? est-ce une fuite dans le bassin de la fortune publique? Rendez-vous bien compte de ce phénomène de l'argent que le Trésor public demande chaque année, chaque mois, au contribuable; voyez d'où il vient; voyez où il va; voyez où il revient; suivez-le un moment dans tous ses canaux, dans toutes les mains, et prononcez vous-même!

§ II.

Le percepteur ou le commis du fisc demande à un département son douzième d'impôt le 1er janvier, un million, je suppose; chaque contribuable, qui sait d'avance qu'il aura à payer sa cote part de ce million, en sus de l'argent nécessaire à ses besoins ou à ceux de sa famille, s'efforce d'avance, dans cette prévision, de faire produire davantage à son champ, à son industrie, à son commerce, à sa journée de salaire, pour ne pas être pris au dépourvu et privé de son nécessaire par l'impôt. Il cultive, il fabrique, il trafique, il laboure, il défriche, il arrose, il pioche un peu plus qu'il n'aurait fait si on n'avait pas dû lui prélever l'impôt, augmentation obligée de travail et d'activité de tout genre dans un pays où l'impôt excite au travail, premier résultat qui compense déjà un peu l'inconvénient de l'impôt.

Cela est évident et frappant dans tous les pays où il n'y a presque pas d'impôts, comme la Turquie, la Savoie, Naples, Rome, l'Orient. Ces pays languissent dans la paresse, le plus lourd des impôts. Rien ne sollicite le contribuable au travail. Comparez les habitants de ces pays, où l'impôt est nul, avec un habitant de l'Angleterre, qui paye un impôt sept ou huit fois plus élevé que l'Italien, le Savoyard, le Turc, l'Espagnol; l'Anglais, quoique payant sept fois plus, est quatorze fois plus riche à la fin de l'année! L'impôt est le signe de la civilisation. Cela ne cesse d'être vrai qu'au moment où l'impôt dépasse les forces du contribuable, le gêne dans ses moyens d'industrie, d'amélioration de ses champs et de travail. C'est là la limite où l'impôt doit s'arrêter : l'obstacle à la production.

§ III.

Cette remarque faite, reprenons l'observation de notre million. Le percepteur le prend dans la bourse du contribuable ou du propriétaire. Qu'en fait le percepteur? Il le porte au receveur général. Qu'en fait le receveur général? Il l'envoie au Trésor public. Qu'en fait le Trésor public? Il le renvoie aux payeurs. Et qu'en font les payeurs? Ils le payent à l'instant en solde aux soldats ou aux marins, en salaire aux ouvriers des travaux publics, en appointements aux fonctions civiles, militaires, ecclésiastiques, préfets, sous-préfets, employés, administrateurs, officiers, diplomates, ingénieurs, créanciers de l'État, instituteurs, curés, desservants, magistrats, juges de paix, commissaires de police, gendarmes, gardes champêtres, en un mot à tous les grands ou petits fonctionnaires de tous les services de l'État.

Et qu'en font, à leur tour, tous ces agents salariés de la République? Ils en vivent, ils en font vivre leur famille, ils le dépensent immédiatement en loyer, en subsistances, en nécessités, en améliorations, en luxe ou en plaisirs, qu'ils payent de leur part de ce million qu'on vient de leur compter.

Le soldat en achète son habit, sa chemise, sa chaussure, son arme, son pain, sa viande, son vin, son tabac, laine, cuir, fer et acier, blé, vigne, bétail, culture, éleveur de moutons, cultivateur de chanvre, cardeur, tisserand, foulon, tailleur, mineur, moissonneur, boulanger, engraisseur de bœufs, vigneron, ouvriers, à qui retourne ainsi tout de suite, dans le mois, dans la semaine, dans le jour, une part du million qu'on leur a demandé la veille sous forme d'impôt.

Et qu'en font les officiers, les marins, les fonctionnaires grands ou petits, les préfets, sous-préfets, receveurs, percepteurs, desservants, curés, instituteurs, magistrats? Ils en achètent, en plus large proportion, les mêmes objets de consommation nécessaires à tous, plus des objets de consommation de luxe ou de plaisir relatifs, plus nombreux et plus chers que ceux du soldat, tels que maisons, meubles, argenterie, soierie, draps fins, chapellerie, passementerie, modes, chevaux, voitures, bijouterie, livres, logements dans les hotelleries, places dans les chemins de fer, loges dans les théâtres, tableaux, gravures, abonnements aux journaux, musique, etc., etc., toutes dépenses qui, bien qu'elles paraissent improductives le jour où ils les font, redeviennent le lendemain productives d'autres consommations, d'autres dépenses, d'autre travail et d'autre salaire de toute nature; car tous ces ouvriers de toute nature de consommation de nécessité, comme de toute nature de consommation de luxe, sont forcés aussi, le lendemain, de racheter pour leur logement, pour leur vêtement, pour leur nourriture, les objets de première ou de seconde nécessité produits par la terre, par l'industrie, par le travail, et voiturés et détaillés par le commerce.

§ IV.

Et qu'en résulte-t-il au bout du mois ? Deux choses, et deux choses excellentes :

La première, c'est que le million dormant a changé de main et passé des mains du contribuable riche ou aisé dans les mains du travailleur de toute espèce de travaux, et qu'ainsi ce million a fait remuer, en circulant, des millions de mains qui se dessécheraient sans les alaire.

La seconde, c'est que ces mêmes mains des travailleurs ayant à leur tour dépensé ce million en objets de première nécessité, tels que loyer de maison, bois de chauffage, blé, pain, vin, chanvre, lin, aliments qui viennent tous du sol ou du travail national, le prix de ces mêmes denrées a monté juste d'autant dans le commerce, et qu'il est rentré sous une autre forme dans la valeur du capital de la propriété et dans le revenu de ce même contribuable qui vient de le payer au percepteur.

Ce million, au fond, n'a fait que se déplacer et disparaître un moment, et il est revenu ou il reviendra à la récolte dans la fortune de celui à qui on l'a emprunté !

Mais ce n'est pas tout, il y revient grossi d'un certain intérêt invisible et réel cependant; car l'État ayant été bien servi, le pays bien défendu, le travail bien ravivé, la population agricole ou ouvrière s'est enrichie et accrue dans la proportion du million bien dépensé et bien circulant; et le capital de toutes les propriétés, de toutes les maisons, de toutes les industries, de tous les commerces et de tous les salaires s'est augmenté aussi, pour tout le monde, dans la même proportion d'un million !

§ V.

Je défie de contester ce résultat pour ce million. Eh bien ! ce qui est vrai pour un million est vrai pour deux, vrai pour quatre, vrai pour cent, vrai pour quinze cents millions ! Non-seulement l'impôt n'est pas improductif, n'est pas une brèche faite à la fortune publique, mais encore il est une circulation, une excitation, une impulsion, une fructification, une multiplication de la richesse générale du peuple.

Voilà la vérité sur l'impôt. On n'a jamais osé vous la dire pendant que vous étiez monarchie, parce qu'on avait peur d'avoir l'air de flatter les cours avec vos écus; maintenant que vous êtes république, il faut tout vous dire. Quant à moi, je n'ai jamais vanté les gouvernements à bon marché. Là n'est pas l'avenir. Le progrès, le bon sens est dans les transformations graduelles, prudentes, de l'impôt; là est l'espérance. Les gouvernements à bon marché, savez-vous ce que c'est ? C'est le sol en jachère ! c'est le peuple à l'aumône ! c'est l'ouvrier à la misère ! c'est la civilisation au rabais !

CHAPITRE VIII.

§ Ier.

Mais il y a un autre point de vue bien plus haut dont le véritable philosophe socialiste, dans le sens honnête du mot, et dont le véritable ami de la démocratie, c'est-à-dire de la justice et de la fraternité entre les classes, n'ont pas suffisamment considéré l'impôt. Ce point de vue, c'est celui de la meilleure répartition de la richesse entre les citoyens.

Que les riches et que les grands possesseurs des industries, des capitaux, du commerce et du sol se plaignent de l'impôt et l'accusent de décimer leur fortune, je le comprends bien, quoique cela ne soit pas vrai même pour ceux-là, car le capital privé ne diminue pas parce que le capital général augmente, et nous venons de voir que l'impôt augmentait le capital général.

Mais que les pauvres, que les ouvriers, que les travailleurs, que les prolétaires accusent l'impôt, en vérité je ne le comprendrais pas si l'expérience des dernières aberrations du socialisme, du communisme et du fouriérisme ne nous avait pas appris combien le peuple, si grand par ses instincts, si vite éclairé par son bon sens, est encore aveugle et ignorant dans la connaissance de ses finances et de ses véritables intérêts en matière de travail, d'impôt et de propriété. C'est qu'il y a un progrès nécessaire et immense à faire faire à ses lumières. S'il continue à fermer les yeux au vrai jour et à les ouvrir aux fantasmagories dont on l'éblouit en plein midi, il est perdu ; il retombera dans l'oligarchie d'argent. Les démagogues et les communistes, après l'avoir enivré, le rejetteront ivre-mort à tous ceux qui voudront se donner la peine de l'enchaîner.

§ II.

Examinons :

En quoi consiste la vraie démocratie? En quoi consiste le véritable progrès social en matière de propriété ? A faire participer équitablement et sans violence, ni spoliation, le plus grand nombre de citoyens possible, et un jour, enfin, tous, au bénéfice du travail et à la jouissance de la propriété. Voilà le problème; voilà l'œuvre; voilà la justice; voilà la politique; voilà l'Évangile ; voilà la démocratie ; voilà la Providence ; voilà Dieu !

Eh bien ! comment a procédé la première grande révolution française pour arriver à ce résultat, en 1789, ère de la démocratie philosophique ?

Elle a fait d'abord de la propriété un droit commun accessible à tous, en détruisant tous les priviléges féodalisés, substitutions qui la concentraient entre les mains de quelques-uns, noblesse, église, etc. et qui en excluaient d'autant tous les autres.

Elle a fait plus ensuite : elle a, en limitant le droit de tester, limité les longs monopoles de fortune entre les mains d'un seul individu, d'une seule famille ;

elle a établi l'égalité des partages entre les enfants ; elle a, par là, rendu la propriété aussi divisible qu'elle était déjà accessible.

Ainsi, accessible à tous, divisible à l'infini entre tous, voilà les deux progrès réguliers, par le temps, par la loi, par la nature, que la Révolution de 1789 a donnés à la propriété pour rendre peu à peu la démocratie noble, forte, éclairée, en la rendant propriétaire.

LE CONSEILLER DU PEUPLE.

Première Partie.

LE PASSÉ, LE PRÉSENT, L'AVENIR

DE LA

RÉPUBLIQUE.

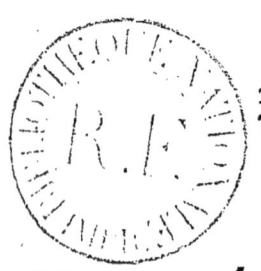

LIVRE II.

DE L'IMPOT.

(Suite.)

CHAPITRE VIII.

§ III.

Que doit faire aujourd'hui la seconde révolution française, la République de 1848?

Poursuivre le but de justice et de meilleure répartition de la propriété, but posé et atteint en partie par la première, c'est-à-dire après avoir rendu la propriété accessible pour tous, après l'avoir rendue divisible entre tous, la rendre plus mobile et plus généralement répartie à tous ; et cela de la seule manière qui ne l'anéantit pas à la fois dans la main de tous, c'est-à-dire sans expropriation, sans violence, sans déplacement convulsif de la propriété; mais naturellement, progressivement, loyalement et lentement, pour que rien ne souffre pendant cette insensible transformation. Voilà le résultat social et légitime de la Révolution de 1848, en ce qui touche la propriété. Voilà la croissance naturelle et nécessaire de la démocratie. Voilà l'abolition certaine et graduée du prolétariat, de l'abrutissement et de la misère des classes inférieures du peuple. Voilà ce que les anciens appelaient, comme par instinct, la roue de la fortune ; ce que les modernes, plus éclairés, appelleront la rotation de la propriété, l'égalisation successive des parts de la terre et des industries entre les familles, la répartition chrétienne des biens de ce monde, mais la répartition par les œuvres, par les héritages, par le travail, par les économies, par la loi! Voilà le communisme vrai!

§ IV.

Quelques hommes s'évertuent, depuis vingt ans, à découvrir et à prêcher un autre communisme, un communisme de somnambules, d'absurdités, de pillage, de confiscation, d'expropriation, de misère commune et de chaos suprême de la société ! Tous leurs systèmes, sans exception, aboutissent à ce dernier mot : « Je veux ton bien ou je te dépouille. » Ils oublient que c'est là tout simplement le communisme des grands chemins, avant qu'il y eût des polices et des gendarmes ; ils oublient qu'à une pareille sommation ceux qui possèdent (et c'est le grand nombre, et c'est, de plus, le grand nombre organisé) répondront, les uns en se faisant tuer sur le seuil de leurs familles, les autres en tuant les spoliateurs, et que, par conséquent, ce prétendu communisme ne serait, au fond, qu'un mutuel assassinat ! Ils oublient, enfin, que, fussent-ils vainqueurs et parvinssent-ils à exterminer les possesseurs actuels de tous les biens personnels et à s'en emparer, il y aurait derrière eux d'autres communistes qui trouveraient les parts mal faites, qui voudraient, avec la même logique, les faire plus grandes pour eux seuls, et qui extermineraient à leur tour les exterminateurs de la propriété ! Tournez tous les systèmes communistes comme vous voudrez, vous n'y trouverez que du vent ou du sang ! Cela tombe de tous côtés dans l'impuissance, dans le ridicule ou dans l'horreur. On n'en parlera plus dans dix ans que comme d'un mauvais rêve d'un peuple dans la fièvre.

Mais ces hommes qui cherchent ainsi le faux socialisme, le faux communisme dans les nuages ou dans le sang, ils ont sous leurs pieds, ils ont sous leur main le vrai communisme, et ils ne veulent pas le voir et le reconnaître ! Le vrai communisme, mes amis, c'est l'impôt !

§ V.

Oui, le grand répartiteur du capital, du revenu, du salaire, de la fortune publique et de la fortune privée, c'est l'impôt ! C'est l'impôt qui va prendre dans la bourse du propriétaire, du capitaliste, du rentier, du commerçant riche ou du peuple aisé, un ou deux milliards par an ; qui déplace ainsi, sans violence et sans iniquité, ces deux milliards immobilisés dans les mains de tous ces propriétaires, et qui les porte à l'État, au trésor, au gouvernement.

Et c'est l'État, le trésor public, le gouvernement qui, prenant dans la main de la République ces deux milliards, les jette en traitements, en travaux commandés, en solde et en salaires sur tous les points du sol, sur toutes les parties oisives ou souffrantes de la population, pour qu'elle vive, qu'elle travaille, qu'elle gagne, qu'elle économise et qu'elle possède à son tour !

Ainsi, l'État par l'impôt enlève très-réellement chaque année environ un ou deux milliards aux mains de ceux-ci pour les mettre dans les mains de ceux-là ! Au bout de deux ans, presque toute la fortune en numéraire du pays a été ainsi déplacée, remuée, distribuée par l'impôt perçu et dépensé entre les citoyens.

Au bout de cinquante ans, la presque totalité des fortunes mobilières et immobilières de la nation a véritablement changé de mains.

Les uns, les pauvres, se sont enrichis par le travail en recueillant cette pluie d'or de l'impôt sur leur dénuement.

Les autres, les riches, par le travail aussi ont pu conserver leur fortune sans l'augmenter beaucoup, parce qu'elle a été décimée annuellement de ces deux milliards d'impôt.

Les autres enfin, les dissipateurs et les oisifs, se sont appauvris, et leurs familles sont descendues au bas de l'échelle sociale, pour la remonter à leur tour lentement par l'activité et l'économie ! N'est-ce pas là, je vous le répète, la rotation évangélique et démocratique des fortunes entre les différentes classes ? N'est-ce pas là la distribution régulière et continue des capitaux jetés par l'impôt à ceux qui n'en ont pas, sous la forme de deux milliards par an ? N'est-ce pas là la démocratie croissante des fortunes ? N'est-ce pas là le communisme du bon sens ?

§ VI.

Et ce peuple insensé se plaint de son sauveur ! Et ces démocrates aveugles refusent de voter largement l'impôt, et de remplir ainsi la mamelle du peuple ! Oh ! qu'il faut de peines, de paroles et de temps pour faire comprendre au peuple son propre intérêt !

CHAPITRE IX.

§ Ier.

Maintenant, que vous proposent les journaux, les pétitions, les clubs et les tribunes démagogiques et socialistes pour remplacer cet admirable mécanisme de l'impôt modéré et régulier, allant prendre le superflu dans les mains de tout le monde pour le verser en travail, en consommation et en salaire dans la main du peuple?

Ce qu'ils vous proposent pour rétablir vos finances et pour vous enrichir, le voici :

1° Le communisme et le partage égal de tous les biens. Vous avez vu ce que c'était : le délire furieux après le délire à froid, le suicide en masse de l'humanité!

2° L'organisation du travail, c'est-à-dire la main de la République entre le capital et le salaire, prix du travail. Vous avez vu ce que c'était : la confiscation sous un nom savant, et la torture donnée au capital, par conséquent sa disparition et sa mort, et avec la mort du capital, la mort du salaire de l'ouvrier.

3° L'impôt progressif.

4° La restitution de l'impôt des 45 centimes aux contribuables.

5° Le rappel du milliard d'indemnité aux émigrés en 1817.

6° L'impôt de trois ou six milliards sur les riches.

Parcourons ces idées.

CHAPITRE X.

DE L'IMPOT PROGRESSIF.

§ 1er.

L'impôt progressif séduit beaucoup, comme tout *sophisme*, au premier coup d'œil. Les *sophismes* sont des mensonges brillants qui ont la couleur d'une vérité à la surface, et qui n'ont point de fond ou qui n'ont pour fond que des faussetés, des absurdités, des abîmes d'erreurs. Le peuple confond toujours l'impôt progressif avec l'impôt proportionnel. Voici la différence :

Je possède deux arpents de terre et mon voisin n'en possède qu'un. Je dois payer l'impôt en proportion de ce que je possède, c'est-à-dire un impôt double de mon voisin. Voilà la vérité, c'est l'impôt proportionnel.

Je possède deux arpents et mon voisin n'en possède qu'un : l'arpent de mon voisin ne payera que cinq francs d'impôt; le premier de mes deux arpents ne payera que cinq francs aussi, mais mon second arpent en payera dix, mon troisième quinze, mon quatrième vingt, et ainsi de suite. Voilà le mensonge, c'est l'impôt progressif.

Il n'y a pas besoin d'être bien intelligent ni bien savant pour vous faire comprendre que cet impôt serait l'injustice souveraine, et la souveraine démence, et la ruine générale. Deux mots et un exemple vous suffiront.

§ II.

L'injustice? — Si je suis meilleur ouvrier, meilleur cultivateur, plus laborieux, plus sobre, me levant plus matin, me couchant plus tard, ayant une meilleure femme et plus d'enfants pour m'aider à l'ouvrage que mon voisin, et si, au lieu d'un arpent qu'il achète, j'en achète deux, quelle abominable injustice ne me faites-vous pas de m'imposer une amende pour ma vertu, en me faisant payer, à moi ouvrier et propriétaire laborieux, un impôt plus lourd qu'à mon voisin et au profit de mon voisin paresseux ou pauvre par sa faute! Votre impôt soit disant progressif n'est donc qu'une prime à la négligence et à la misère, un *maximum* sur le travail et l'économie! La justice et le bon sens renversés!

§ III.

La souveraine démence? — Vous allez voir. Suivons toujours la comparaison par des arpents de terre. Si vous prenez pour unité un écu, vous aurez le même résultat.

Je suppose que le prix d'un arpent de terre soit *cent francs*. Vous établissez l'impôt progressif. Qu'arrive-t-il?

Le premier arpent que j'achète vaut *cent francs*; mais l'impôt de cinq francs dont il est frappé comme tous les autres lui enlève cinq francs de sa valeur. Reste 95 francs.

J'en achète un second. L'impôt progressif dont vous le frappez est de 10 francs. La valeur de mon second arpent dans le commerce se trouve donc réduite de 10 francs. Reste pour valeur capitale de mon second arpent 90 francs.

J'en achète un troisième. Votre impôt progressif le frappe de 15 francs. Mon troisième arpent se trouve réduit, pour celui qui en possède trois, à 85 francs.

J'en achète quatre. Je paye 5 francs pour mon premier, 10 francs pour mon second, 15 francs pour mon troisième, 20 francs pour mon quatrième; total de mon impôt : 50 francs! Vous voyez, en continuant, que l'impôt de mon vingtième arpent sera de 100 francs, c'est-à-dire de toute la valeur en capital de l'arpent lui-même; c'est-à-dire, en d'autres termes, que de retranchement en retranchement, par l'impôt accru en proportion du nombre d'arpents possédés, toute la valeur du vingtième arpent sera anéantie; personne n'aura intérêt à le posséder. Or, une chose que personne ne veut acquérir, que vaut-elle? Rien! L'impôt proportionnel anéantit la chose à posséder. C'est en ce sens qu'il justifie parfaitement ce mot : souveraine démence.

§ IV.

Ruine générale? — Vous allez le comprendre aussi

vite. Qu'est-ce que le prix des choses, terres, maisons, denrées? C'est la représentation exacte du désir qu'on a de posséder cette chose. Une chose vaut juste mon désir ou le vôtre de l'acquérir. Or, que fait l'impôt progressif en frappant d'une taxe croissante et d'une véritable amende progressive le second arpent, puis le troisième, puis le quatrième que nous désirons posséder? Il diminue juste d'un, de deux, de trois, de quatre, et finalement de tout, le désir que nous avions de posséder cet arpent, car il diminue d'autant l'avantage pour nous de le posséder. Qu'en résulte-t-il? Que notre désir de l'acquérir étant diminué de un, de deux, de trois, etc., la chose à posséder perd d'autant aussi son prix, et qu'à la fin ce *maximum* sur le désir de posséder un nombre considérable d'arpents devient un *maximum* sur l'arpent, sur l'amour de la propriété lui-même, et que l'amour de la propriété étant le seul mobile et la source unique de toute richesse publique, la fortune publique se trouve ruinée de fond en comble, la terre inculte et la population d'abord appauvrie, puis décimée, puis enfin tarie par l'impôt progressif.

Retournez la question de toutes les manières, rapprochez ou éloignez les degrés de votre échelle progressive de l'impôt croissant sur les choses, vous trouverez toujours au bout, plus vite ou plus lentement, mais inévitablement, ces trois résultats :

Injustice odieuse.

Souveraine démence.

Ruine générale.

LIVRE III.

LA RESTITUTION DE L'IMPOT DES QUARANTE-CINQ CENTIMES.

INGRATITUDE DES RICHES. — FOLIE DES PAUVRES. — ILLUSION POUR TOUS.

CHAPITRE Ier.

§ Ier.

Ingratitude des riches ? Je le prouve.

Qu'est-ce que l'impôt des quarante-cinq centimes de 1848 ? C'est le prix de la République, de la souveraineté du peuple, du suffrage universel. Tout cela a coûté à la nation le produit de l'impôt des quarante-cinq centimes perçus seulement sur les propriétaires, c'est-à-dire 140 millions environ. Un peu moins que les fortifications de Paris !

Qu'est-ce qui a motivé cet impôt ? Le voici : Je l'ai signé, je l'ai voté, je l'ai consenti avec tous mes collègues ; j'en accepte la responsabilité devant Dieu, devant mon pays, devant la postérité, si elle s'occupe seulement de ces centimes. Nul ne peut mieux vous dire que moi pourquoi, comment, pour quels désastres à prévenir, pour quels ravages à écarter, pour quelles catastrophes à empêcher, pour quels flots de sang peut-être à préserver, l'impôt des quarante-cinq centimes a été décrété par la dictature de février. Je me glorifierai devant l'avenir de la France sauvée de l'anarchie, de la guerre étrangère, de la guerre de la faim, de l'exténuation des ouvriers, de leurs femmes, de leurs enfants dans Paris, et du ravage forcé des propriétés, et des attentats inévitables aux personnes, par un impôt temporaire, modique, par un impôt de salut public; par un impôt de combien? du *quinzième* de l'impôt ordinaire de la France! Que dis-je? du *trentième* de l'impôt ordinaire, car il a été perçu en deux ans!

§ II.

La révolution venait de s'accomplir; nous ne l'avions pas faite plus que vous, pas autant que vous, peut-être; nous ne la savions pas une heure d'avance.

Le pays était dans le sang et dans la fumée; l'armée forcée de s'éloigner du théâtre du combat, la République proclamée, tous les pouvoirs anéantis, tous les esprits désorientés, trois cent mille prolétaires sans travail, sans salaire, sans pain dans Paris désarmé; les étrangers debout et tout armés à nos frontières; six millions de prolétaires les armes à la main sur toute la surface du sol en face des propriétés qu'ils respectaient, mais à condition de ne pas mourir de faim; deux cent mille créanciers de l'État, dont le payement des intérêts de la dette est le pain, tremblants au mot sinistre de banqueroute répandu par la panique et par la haine contre la révolution; les capitalistes fuyant, ou exportant, ou ensevelissant leurs capitaux; les fabricants sans commandes et sans argent pour travailler, les ateliers vides et répandus dans la rue en masses disciplinées, mais mobiles, menaçantes, affamées; le cri de guerre aux riches pouvait éclater d'un moment à l'autre à la place de cet admirable cri du peuple indigent : respect aux propriétés! gloire éternelle de ce peuple en fermentation.

Les membres du gouvernement avaient à la fois à pourvoir aux frontières, à pacifier l'intérieur, à calmer les factions extrêmes, à secourir les misères, à nourrir la faim, à reconstruire l'armée, à créer la garde mobile, à payer les services publics, trois cents millions de bons du trésor ajournés, trois cents millions de caisse d'épargne demandés à la fois, le semestre de mars des intérêts de la dette publique. Le trésor était vide; il ne fallait pas l'avouer, sous peine de pousser la panique jusqu'à la frénésie. Le dernier gouvernement avait laissé, quoi qu'on en dise, plus de sept cents millions de découvert! Nous avions neuf cents millions à payer en trois mois, sans compter la guerre, si la guerre, que tous les courriers pouvaient apporter, avait pris feu sur une de nos frontières. Le gouvernement se réunit. Que faire?

La banqueroute? C'était déshonorer à jamais la République; plutôt mourir!

Les assignats? Ils sont encore contresignés de sang par 93! ils feraient fuir jusqu'au dernier écu!

L'emprunt forcé? On ne peut l'exiger qu'avec des licteurs, des prisons, des proscriptions, des échafauds derrière soi. Nous savions que la première résistance amènerait de la part du gouvernement la nécessité de la violence au domicile; que de la violence aux choses à la violence contre les personnes, il n'y a que la main! Une fois une violence contre les personnes commencée, où s'arrêteraient les sévices? Nous ne voulions pas que la *terreur* entrât dans la République par le budget. Des garnisaires, des séquestres, des amendes, des confiscations, des emprisonnements et des échafauds, sont un mauvais fondement pour la fortune publique.

§ III.

Un impôt de trois milliards sur les riches?

Cela eût ressemblé à une proscription d'une classe de citoyens par une autre classe; cela eût mis face à face et en guerre civile les fortunes des particuliers; cela eût créé les catégories de contribuables, les uns frappés, les autres exceptés des charges publiques; cela eût refait à l'envers ce que la révolution de 89 a si justement défait: des priviléges d'exemption d'impôt! cela eût établi comme précédent un odieux *maximum* sur l'aisance ou sur la richesse, et par là même inculpé, persécuté, avili la moitié de la valeur de la propriété française! de plus, cela eût fermé à l'instant la bourse des riches, seule source d'où coulent les capitaux pour les ouvriers! Nous ne faisions pas la république des pauvres, ni la république des fortunes moyennes, ni la république des riches; nous faisions la république de tout le monde. Une exception dans l'impôt l'aurait dénaturée et perdue!

§ IV.

Il n'y avait donc qu'une chose à faire : porter un impôt temporaire proportionnel et léger sur tout le monde, pour sauver à la fois tout le monde; nourrir ainsi pendant la catastrophe les masses d'ouvriers sans travail et sans pain, qui n'avaient pas les avances que la propriété, quelque petite qu'elle soit, laisse toujours pour quelques mois à son possesseur; solder et recruter l'armée, maintenue ainsi dans sa discipline et dans sa force; former la garde mobile, armer nos places fortes, équiper nos vaisseaux, faire travailler nos arsenaux et nos ports, salarier une vigilante police, une diplomatie active, une administration, une justice non interrompue; assister largement les misères, pour enlever les prétextes et les occasions au crime; payer les créanciers de l'État aussi religieusement qu'en temps de prospérité, maintenir ainsi intact le ressort du crédit, afin qu'il se relevât de lui-même après la crise et après la reconstitution du gouvernement définitif et légal par l'Assemblée nationale!

§ V.

C'est ce qui fut fait, et c'est là de quoi se plaignent les propriétaires? L'impôt des 45 centimes une fois payé pour sauver la France, Paris, l'ordre, le sang des citoyens, leurs propriétés, leurs maisons, leur liberté, leur sécurité dans leurs demeures!

Et que diraient-ils donc si, au lieu de porter ce décret, nous avions permis que l'armée se débandât, que la justice fermât les tribunaux, que l'administration centrale disparût et laissât les départements se fédéraliser par communes, que l'étranger envahît le sol, que notre pavillon disparût des mers, que les six millions d'ouvriers prolétaires se formassent en *guerre servile*, comme en Allemagne et en Angleterre pendant leur deux grandes révolutions? qu'ils parcourussent nos provinces en imposant eux-mêmes les propriétés, les maisons, les champs, les personnes? que l'on votât, comme au 15 mai à l'Hôtel-de-Ville, trois milliards ou dix milliards sur les riches? que l'on jetât à Paris et dans toutes nos villes le cri fatal de guerre du prolétariat à la propriété? Tout cela a été évité au moyen d'un impôt exceptionnel, modéré, et ils reprochent aux 45 centimes de les avoir sauvés au rabais! Je le répète, folie des riches!

VI.

Et, je le répète aussi, ingratitude des pauvres!

Car c'est avec les 45 centimes que nous les avons occupés, contenus, alimentés, soldés! Qu'est-ce que sont devenus ces 140 millions? Qu'ont-ils payé? la solde et la ration du soldat et le pain et la vie des pauvres! Le vrai nom de l'impôt des 45 centimes, c'est l'impôt alimentaire du peuple pendant six mois de chômage et d'inanition! Oui, c'est pour sauver le peuple que nous l'avons tous voté.

§ VII.

Et j'ajoute avec la même évidence, stupidité et illusion des contribuables, qui demandent qu'on les restitue aux contribuables!

Car pour restituer un impôt perçu, il faut le retrouver quelque part, n'est-ce-pas? Où est-il? le reprendrez-vous à l'armée qu'il a soldée, à nos canons qu'il a fondus, à nos places fortes qu'il a armées, à nos vaisseaux qu'il a équipés, à la garde mobile qu'il a créée et qui vous a sauvés trois fois, le 16 avril, le 15 mai et le 24 juin? aux ouvriers qu'il a nourris, aux prolétaires qu'il a calmés, aux femmes et aux enfants à qui il a mis le pain dans la bouche? car voilà ceux qui l'ont consommé! Non sans doute.

A qui le redemanderez-vous donc? Ce n'est pas au trésor, vous voyez qu'il n'y est plus; ce n'est pas à l'emprunt forcé, vous voyez qu'il aurait produit la terreur; ce n'est pas à la banqueroute, vous voyez qu'elle est le dernier mot de la ruine de tous; ce n'est pas à l'impôt sur les riches, vous voyez que c'est le cri de la discorde et de la guerre civile! Vous n'avez donc qu'un moyen de le retrouver, c'est de le redemander à qui? aux contribuables, à la propriété; or, les contribuables, la propriété, c'est vous-mêmes!

Vous redemander à vous-mêmes l'impôt des 45 centimes pour vous restituer à vous-mêmes les 45 centimes, voilà l'ineptie de ceux qui vous mettent ce cri dans la bouche et ces pétitions sous la main! Je vais m'imposer cinq francs pour me restituer cinq francs ! Quels financiers !

CHAPITRE II.

LA RESTITUTION DU MILLIARD DES ÉMIGRÉS.

§ Ier.

Ceci paraît au premier abord plus sensé.

Vous savez qu'en 1791, 1792 et 1793 un certain nombre de Français, les uns par haine contre la révolution, les autres par fidélité mal entendue aux rois qui cessent d'être rois quand ils sortent du sol, les autres par mode, les autres par peur de l'échafaud, le plus grand nombre par suite des proscriptions qui atteignaient tour-à-tour tous les partis, sortirent de France et virent leurs biens confisqués par la Convention, bien que l'Assemblée constituante eût supprimé la confiscation, peine inique et odieuse, puisqu'elle ne frappe pas seulement le coupable, mais l'innocent, sa femme, ses enfants, sa famille, ses créanciers.

Après la rentrée des Bourbons, en 1817, le gouvernement et les chambres voulurent deux choses : premièrement, remettre dans la circulation et dans le droit commun cette masse de propriétés confisquées appelées biens nationaux qui subissaient une dépréciation énorme entre les mains des acquéreurs de ces biens des proscrits.

Secondement remettre en possession d'une partie de leur fortune les émigrés ou les familles de proscrits rentrés en France avec les Bourbons, et dont le dépouillement contrastait trop avec la restitution du trône rendu à la royauté pour laquelle ils avaient perdu fortune et patrie.

§ II.

On fit cette restitution, non pas aux dépens des nouveaux acquéreurs, c'eût été guérir une plaie en en ouvrant une autre, et mettre classe contre classe, mais on la fit au moyen d'une indemnité généreuse, prodigue peut-être, payée par l'universalité des citoyens.

On évalue cette indemnité à un milliard.

Cette mesure fit beaucoup crier pendant six mois, puis elle eut tous les effets salutaires qu'on en attendait, comme toutes les mesures de clémence, d'équité et de magnanimité. Elle calma les haines, elle étouffa les récriminations, elle réconcilia les anciennes et les nouvelles familles, elle fut l'amnistie des fortunes, elle remit en valeur et en circulation pour plus de trois milliards de biens nationaux qu'on craignait d'acheter, et que tout le monde acheta du moment qu'ils furent lavés ainsi de toute tache originelle de proscription. C'est ce qu'on appelle le milliard des émigrés.

§ III.

On vous dit aujourd'hui : reprenez-le sur ceux à qui

la France de 1817 l'a rendu. Ces hommes, ou les pères, ou les grands-pères de ces hommes étaient coupables d'avoir déserté ou combattu leur patrie; leur patrie pouvait les dépouiller légitimement.

Je n'examine point cette question, elle est trop profonde, elle nous ramènerait à la question de la confiscation des biens de la famille, pour cause d'un crime individuel d'un seul de ses membres, nature de confiscation que toutes les nations civilisées ont abolie! Mais je suppose même la confiscation justifiée, voyez quels seraient les résultats financiers pour la fortune publique de cette seconde confiscation en pleine paix et sans crime nouveau, de cette spoliation sans émigration que vos financiers à rebours vous proposent aujourd'hui comme une richesse ou du moins comme une proie. J'en parle à mon aise et avec impartialité, *car il n'y a pas dans ma famille un fait d'émigration ni un centime d'indemnité. Je l'ai payée comme vous, je ne l'ai pas perçue.*

Le lendemain du jour où vous auriez porté ce décret, les biens nationaux, lavés de toute tache entre les mains des acquéreurs et de leurs enfants par l'indemnité, redeviendraient des biens de proscrits non rachetés, odieux, dépréciés, marqués de spoliation et de sang comme en 1817. Ils ont été réhabilités, ces biens, par l'indemnité; l'indemnité retirée, ils retomberaient à la moitié de leur valeur que la réhabilitation leur rendit. C'est un milliard ou deux que vous retrancheriez de vos propres mains de la valeur vénale des terres! Quel bénéfice!

§ IV.

Ce n'est rien encore. Ces milliers d'individus et de familles d'émigrés à qui on a restitué depuis trente-deux ans cette indemnité représentative de leurs biens confisqués, forcés de la rendre au trésor, retomberont dans l'indigence, dans la plainte, dans la récrimination, dans la haine contre les détenteurs ou contre les fils des premiers détenteurs de leurs biens. Hommes d'aisance, de richesse, de luxe, de prodigalité pour la plupart, ils payeraient en maudissant la révolution, la nation, la République, l'amende d'un milliard, et retrancheraient sur leurs dépenses et sur leur consommation, non-seulement ce milliard, mais un milliard au moins en sus, dont leur aisance actuelle vivifie le travail, l'agriculture, les industries, les ouvriers du sol ou du luxe!

Quel calcul! Ruiner à la fois deux classes immenses de citoyens réconciliés, les acquéreurs et les proscrits, pour ruiner de plus la production, le travail, la consommation d'une troisième classe, la classe de six millions de travailleurs, de travailleurs qui ne payent point d'impôt direct, et qui, par conséquent, ne bénéficieraient en *rien* du milliard des émigrés rendu aux contribuables!

Voilà les deux beaux résultats de votre mesure! Ajoutez-y la haine de la République poussée jusqu'à la frénésie dans deux classes de propriétaires également frappés, les acquéreurs et les enfants des proscrits. Quelle politique, quand on veut faire aimer la démocratie !

§ V.

Mais ce n'est rien que cette seconde confiscation sans nouveau crime ! Ce n'est rien que cette haine acharnée, ravivée de gaieté de cœur entre une moitié de la propriété contre l'autre moitié, inventée par le génie satanique de la discorde au moment où la concorde est la nécessité de la démocratie ! Ce n'est rien que cette perturbation universelle de toutes les fortunes menacées ainsi ! Ce n'est rien que cette enquête inquisitoriale de toutes les parcelles de terre, de maisons, d'héritages ! Ce n'est rien que cette *chambre ardente* des fortunes parcourant le pays pour reconnaître, marquer, saisir ce qui vient de l'exil, ce qui vient de la prison, ce qui vient de l'échafaud ! Ce n'est rien que ce pays ainsi bouleversé, torturé pendant cinq ans, pour lui faire rendre gorge, comme dans la *question* donnée à la propriété ! En admettant tout cela, resteraient encore les moyens d'exécution.

§ VI.

L'esprit recule devant les difficultés, les enquêtes, les inquisitions, les procédures, les contraintes, les violences, les impossibilités morales et physiques pour les commissaires rechercheurs et saisisseurs d'un milliard, non en terres, mais en *écus*, distribué, il y a trente-deux ans, à deux ou trois cent mille individus, ou à leurs enfants, ou à leurs ayant droit, ou à leurs créanciers, et obligés, après trente-deux ans, après les morts, les partages, les liquidations, les expropriations, les emplois divers, les changements de patrie ou de résidence, les deux ou trois générations de possesseurs et de partageants, de retrouver et de rendre un milliard en argent! Qu'en ont-ils fait? et à qui le demander? et de qui l'exiger? et qui exproprier? et quels biens vendre? et quels acquéreurs trouveront de telles masses de biens vendus à la fois par expropriation forcée, à la requête de la République? Et quels ordres à établir entre les créanciers? et quelles hypothèques à primer? et quelle place donner à la République avant tous ces ayant droit? et quelles violences à faire à la légalité, si la République prend avant les enfants, les femmes, les créanciers? et quelle déception si elle ne prend qu'après? Et quelle épée de *Damoclès* suspendue sur toutes les transactions et sur toutes les fortunes? et quelles années de panique, de stagnation, de paralysie, de tremblement de toutes les affaires? Non, je le répète, il n'y a que le génie du mal qui ait pu souffler cette démence au peuple! Je défierais une guerre de sept ans de faire plus de mal à la France! Mais croient-ils qu'ils réussiraient, ces agitateurs insensés du sol, ces inquisiteurs de la propriété? Je vais vous montrer à quoi ils réussiraient; car rien n'est nouveau dans la folie, pas plus que dans le bon sens. Les siècles savent tout. Écoutez l'histoire.

§ VII.

Ce qu'ils vous proposent fut tenté une fois dans les temps les plus agités de la république romaine. Deux hommes, dont nos agitateurs envient la renommée funeste, deux hommes de sédition et de troubles, deux hommes qui sacrifiaient comme eux le bon sens au peuple, deux hommes qui les valaient bien en illustration d'origine, en éloquence, en audace, en crédit acquis sur le peuple romain, les deux *Gracques*, Tiberius et Caïus Gracchus, jeunes nobles, tribuns populaires, entreprirent, pour s'attacher par leur avidité même les plébéiens des provinces d'Italie, une mesure exactement semblable à celle de la révision des fortunes et de la restitution du milliard des émigrés, si ce n'est, cependant, que les *Gracques* ne proposaient d'appliquer cette restitution qu'aux terres, toujours faciles à constater et à saisir, tandis que nos démagogues demandent la restitution d'un milliard en argent, insaisissable comme l'eau. Eh bien! lisez *Salluste*, l'historien de cet accès de socialisme romain :

« Les commissaires chargés de l'exécution et de
» la recherche des terres, commencèrent à exciter de
» grands troubles dans Rome et dans les provinces. La
» recherche dont ils étaient chargés était la plus diffi-
» cile, la plus compliquée, la plus embarrassante qu'on
» puisse imaginer. Les divers changements survenus
» dans les terres par le déplacement des limites, par
» des mariages qui les avaient fait passer d'une fa-

» mille dans une autre, par des ventes ou réelles et
» faites de bonne foi, ou simulées et couvertes par une
» longue et paisible possession, ne permettaient pas
» de discerner lesquelles de ces terres appartenaient
» au public ou aux particuliers, lesquelles étaient pos-
» sédées par leurs maîtres sur des titres légitimes, ou
» en conséquence d'une injuste, quoique ancienne
» usurpation. C'étaient ces difficultés, devenues in-
» surmontables par la longueur du temps, qui, comme
» nous l'avons déjà observé, avaient toujours fait im-
» prouver aux plus sages et aux plus gens de bien de
» la république ces nouveaux partages de terres qui
» auraient causé dans la plupart des familles un bou-
» leversement étrange et inévitable, quand même
» on en aurait chargé les personnes les plus intelli-
» gentes et les plus impartiales. Que devait-on donc
» attendre des commissaires nommés pour cet exa-
» men, qui n'agissaient que par passion, par haine
» ou par intérêt?

» Aussi, de toutes les contrées d'Italie, alliés et
» citoyens, consternés et réduits au désespoir par
» ces recherches, venaient en foule à Rome représen-
» ter au sénat le danger et l'extrême malheur dont ils
» étaient menacés. Ils s'adressaient principalement à
» Scipion l'Africain, sous qui la plupart avaient long-
» temps servi, comme à celui qu'ils croyaient avoir le
» plus de crédit dans l'État et le plus zélé pour le
» bien public. C'est ce qui est si bien marqué dans le
» songe de Scipion : *A votre retour de Numance,* dit
» le premier Scipion l'Africain à celui dont nous par-

» lons ici, *vous trouverez la république dans un trouble
» affreux causé par mon petit-fils* (Tiberius Grac-
» chus), etc., etc., etc. »

§ VIII.

Ces troubles, soulevés et entretenus par les deux *Gracchus*, n'eurent de fin que par la mort du premier, *Tiberius*, qui fut immolé au Capitole par les propriétaires des terres qu'il voulait exproprier, et par le *suicide* du second, *Caïus Gracchus*, qui, abandonné du peuple lui-même, las de l'impossibilité et des convulsions de son système, se sauva, sans être secouru par personne, dans un bois sacré auprès de Rome, et ne trouva parmi tous ses partisans d'autre fidélité que celle d'un seul esclave qui lui donna la mort ! Il ne fallut rien moins que les flots de sang romain versé par Marius, les proscriptions de Sylla et la tyrannie de César pour assoupir le feu de cette enquête pour la restitution des terres municipales !

Voilà ce que vous demandent sans réflexion ceux qui vous proposent la restitution plus impraticable encore du milliard des émigrés ! l'enquête sur les fortunes pour moyen de paix ! la spoliation des enfants, des collatéraux, des héritiers, des créanciers, pour moyen de crédit ! la panique pour confiance ! le dépouillement d'une classe pour richesse publique ! Quels Colbert et quels Sully que les nôtres !

CHAPITRE III.

§ Ier.

D'autres vous proposent des mesures infiniment moins révoltantes et surtout moins coupables, par exemple, l'impôt unique, l'abolition de tous les impôts indirects mobiliers, et la substitution d'un seul impôt portant sur les terres.

Ils disent : Tout vient, en définitif, de la terre : la terre doit tout porter, la terre doit tout payer; c'est à la propriété qui jouit de tout, de servir s les charges.

Ces hommes, logiques en apparence dans leur raisonnement, oublient deux choses dans leur conclusion à un impôt unique, portant exclusivement sur la terre et sur la propriété au soleil.

La première, c'est qu'il est faux que, dans notre position actuelle, les possesseurs de terres, de maisons, d'immeubles au soleil, soient les seuls propriétaires. Il y en a des millions d'autres propriétaires à d'autres titres, mais tout aussi propriétaires que les premiers.

Il y a les propriétaires d'industrie, les propriétaires de commerce, les propriétaires de professions utiles, les propriétaires de rentes sur les particuliers, les propriétaires de rentes sur l'État, les propriétaires de rentes sur l'étranger, les propriétaires de leur art, de leur métier, de leur pinceau, de leur ciseau, de leur génie productif d'écrivain, d'avocat, d'orateur, d'artiste, de médecin ; les innombrables propriétaires enfin de leur mobilier, de leurs salaires accumulés, de leurs économies, de leurs capitaux grands ou petits ; les propriétaires de leur intelligence, enfin, comme tel ou tel journaliste, dont la plume distille l'or tous les matins, et dont la feuille vaut un million ou deux sur le marché.

Toutes ces classes de propriétaires se trouveraient donc privilégiées d'exemption d'impôt par l'abolition de toutes les taxes indirectes, et rejetteraient odieusement le poids intolérable de quinze cents millions sur les seuls possesseurs de terres. Quelle injustice et quelle ruine prompte et certaine pour le trésor d'abord, pour le peuple ensuite !

§ II.

Ruine pour la nation ?

Vous allez le comprendre. L'impôt varié tel qu'il existe aujourd'hui, c'est-à-dire frappant d'abord les terres, puis les maisons, puis les meubles, puis les héritages, puis les échanges de propriété, puis l'introduction dans le pays des produits manufacturés au dehors, puis enfin l'impôt indirect de consommation, frappant à la fois d'un léger prélèvement au profit de l'État les facultés de ceux qui achètent ces choses en proportion de la quantité qu'ils en achètent ; un pareil impôt a l'avantage incalculable d'être mobile, élastique, tantôt peu productif, tantôt immensément productif, selon que la misère publique fait diminuer la consommation de ces choses, selon que l'aisance et la richesse publique font accroître cette consommation. Un tel impôt se trouve ainsi, par sa nature même, la mesure et le symptôme des facultés du peuple. Si le peuple est à l'aise, il achète beaucoup, et il donne davantage à l'impôt : l'impôt, richesse de tous, s'accroît au Trésor; si le peuple est pauvre, il achète peu, et le produit de l'impôt diminue. C'est la proportion de l'impôt aux moyens de le payer par le peuple, c'est la justice.

Mais que serait un impôt unique une fois fixé et immobilisé sur les terres, qui demanderait toujours la même somme aux propriétaires, qu'ils fussent riches, qu'ils fussent pauvres, et qui, toutes les fois qu'il faudrait l'élever pour les besoins du Trésor, deviendrait une révolution dans les intérêts ?

Un pareil impôt n'aurait ni œil, ni oreille, ni proportion, ni élasticité, ni équité ; il demanderait son milliard et demi à l'année de détresse, et ne demanderait que la même somme aux années de prospérité. Ce serait à la fois l'injustice et l'appauvrissement du trésor public écrits sur la cote immobilière du contribuable.

§ III.

Ruine pour le peuple ? Vous le comprendrez tout aussi aisément.

Le prix d'une chose est proportionné à ce qu'elle coûte. Les terres, grevées seules dans ce système d'un impôt unique et écrasant, deviendraient une de ces deux choses en peu d'années : ou stériles et incultes, ou exorbitamment chères et privilégiées.

Incultes, stériles?

Si l'impôt unique dont elles seraient écrasées ne donnait plus de bénéfice à ceux qui les cultivent ou qui les possèdent, on ferait venir, comme à Rome jadis, son blé, son huile, son bétail, son chanvre, de l'étranger, de l'Égypte, de la Crimée, de la Sicile. Le sol français tomberait en jachère; la population diminuerait et se raréfierait.

Chères et privilégiées?

Le prix d'une chose est proportionné à ce qu'elle coûte. Les terres, grevées seules de l'impôt unique, deviendraient énormément coûteuses à posséder; il faudrait des capitaux et des avances considérables à ceux qui oseraient acquérir et posséder la terre. Elle ne serait plus accessible qu'aux riches. La petite propriété périrait; avec la petite propriété périrait la démocratie, car les grands capitalistes possédant seuls les terres, et la possession exclusive des terres, dont tout le monde a besoin comme source de tout, exerçant un patronage immense sur le pays, ces grands propriétaires du sol deviendraient bientôt monopole et aristocratie de territoire et d'argent. La moitié de la France tomberait, en un demi-siècle, dans le prolétariat.

Voilà les trois principaux résultats de l'impôt unique! Que le peuple s'en garde s'il veut rester peuple et ne pas redevenir serf par une autre voie!

§ IV.

Un publiciste qui pousse la spéculation jusqu'à l'extrême, un radical du bon sens qui ne laisse jamais arrêter son idée juste par aucun fait, ni son impatience de vérité par aucun temps, M. de Girardin vous dit : « Abolissez presque tous les impôts et éta-
» blissez à la place une *assurance générale* par l'État
» de tous les capitaux des citoyens. Le prix, payé
» volontairement par les citoyens à l'État pour cette
» assurance, sera l'impôt ou le revenu public. »

L'idée est belle, simple et juste ; elle avait frappé déjà le gouvernement provisoire au mois de février 1848, et ce gouvernement l'avait adoptée. Il avait rédigé le décret et les moyens ; mais comme tout gouvernement, il n'avait introduit cette vérité dans son plan de finance qu'avec temps et mesure, et comme commencement partiel d'un système auquel il faut d'abord habituer le pays par des essais. Une erreur en matière d'impôt courrait risque de coûter quinze cents millions à la France ; une erreur de quinze cents millions, c'est la banqueroute du pays à ses créanciers, à son armée, à son administration, à lui-même ! Une telle banqueroute, c'est l'anéantissement de la nation. On ne chiffonne pas le globe comme on chiffonne une feuille de papier dans son cabinet. L'habitude est la première condition d'un bon impôt, et tient lieu d'un million de garnisaires pour le faire payer. Gardez-vous donc de compter pour rien l'habitude, en matière de taxes publiques.

Accoutumez peu à peu le contribuable à une idée, puis élargissez d'année en année l'application de cette idée, puis livrez-lui ensuite si vous voulez tout le système de vos impôts. La République trouvera, je n'en doute pas, le jour où elle le voudra, une source large, profonde et intarissable de contributions volontaires et équitables dans *l'assurance générale* des valeurs concentrées dans ses mains et administrées par le trésor. Mais si vous voulez que le système entre dans l'esprit et dans les mœurs de la France, donnez-lui, comme le gouvernement provisoire, une place, mais non la place unique dans votre organisation financière; ne démesurez pas une vérité, vous en feriez une erreur. Les assurances vous donneront tout de suite 30 à 40 millions, et ce produit s'accroîtra toujours.

CHAPITRE IV.

L'IMPOT SUR LE REVENU.

§ Ier.

L'impôt sur le revenu est moins une ressource qu'un principe. Expliquons-nous.

On cherche avec raison à appliquer dans le budget le principe d'équité et de charité qui est la vérité morale dans l'impôt comme dans tout le reste. On dit : Le pauvre doit payer en raison de sa pauvreté, l'homme aisé en raison de son aisance, l'homme riche en raison de sa richesse; l'un peu, l'autre davantage, l'autre beaucoup plus. Quoi qu'en dise l'égoïsme assez riche pour acheter des sophismes à son usage, c'est la vérité. Supposons-nous devant Dieu, et non devant le percepteur; quel est celui d'entre nous qui oserait nier un tel cri de sa conscience? La proportion est une condition de la justice.

Vous avez vu que l'on appliquait l'impôt progressif aux choses ou aux arpents possédés, et que si on les frappait d'un impôt progressif à mesure qu'on en possède davantage, ces choses et ces arpents finiraient par coûter plus cher qu'ils ne valent, et par conséquent par ne rien valoir pour personne. Voilà pourquoi vous rejetez avec raison l'impôt progressif appliqué aux choses possédées.

§ II.

Mais si des choses possédées vous passez aux personnes qui possèdent, l'impôt progressif, qui était une absurdité quant aux choses, redevient une vérité quant aux personnes possédantes. Cette vérité consiste seulement dans cet axiome que nul ne peut contester : « le plus fort peut porter plus de poids que le plus faible; » c'est à dire, en d'autres termes: le plus riche peut payer dans une proportion plus considérable sa place ou son loyer dans l'édifice de la société nationale. Pourquoi cela? pour deux raisons que vous ne pouvez pas contester non plus.

La première, morale; c'est qu'il a plus de moyens d'y suffire sans attenter à ses nécessités vitales.

La seconde, matérielle ; c'est que la place qu'il y occupe étant meilleure, plus vaste, plus large, plus défendue par la communauté, profitant en plus grande masse des avantages, des améliorations, des sécurités que la communauté assure à lui, à sa famille, à ses biens, à ses maisons, à ses champs, à ses capitaux, le loyer de cette place dans la société peut être payé par lui plus cher que la petite place du pauvre ou que la place moyenne de l'homme aisé.

A moins de crever les yeux de sa conscience, il n'y a personne qui nie ces deux vérités, l'une de cœur, l'autre de calcul.

Donc, l'impôt proportionnel est un principe juste en ce qui touche les facultés des personnes ; or, s'il est juste, une démocratie ne vivant, comme une religion, que de justice, et toute atteinte à la justice étant un germe de plainte, de scandale, de récrimination et de révolte intérieure, il faut l'appliquer.

§ III.

Comment l'appliquer, puisque l'impôt progressif est inapplicable ?

En tournant la difficulté et en convertissant avec mesure, ménagement et tâtonnement l'impôt progressif en impôt modique, en espèce de *fonds commun* d'équité sur le revenu! c'est-à-dire en disant aux contribuables : « A mesure que vous aurez un
» revenu dépassant un certain chiffre sur lequel on
» ne peut rien retrancher sans vous ruiner, vous

» payerez à l'État un pour cent de ce revenu général. »

Qu'en résulte-t-il ? Trois choses, et trois choses excellentes·

La première, la consécration dans la loi des charges publiques d'un principe moral et divin de souveraine équité.

La seconde, un adoucissement proportionné dans le poids des impôts qui pèsent sur la vie du peuple pauvre.

La troisième, un impôt productif qui se proportionne de lui-même aux facultés de ceux qui le payent, qui, par conséquent, ne pèse jamais sur le nécessaire, sur la production ou sur le travail, et qui enfin embrasse dans sa perception toutes ces sources de revenu industriel, commercial, professionnel, intellectuel, qui, jusqu'ici, échappent à l'impôt commun.

Il faut donc, si la propriété est bien inspirée de Dieu et bien inspirée par son propre salut, qu'elle s'exécute et qu'elle vote l'impôt sur le revenu. L'aristocratie anglaise l'a bien voté pour se faire pardonner sa possession exclusive des terres ; la propriété française doit le voter pour se légitimer de plus en plus devant le prolétariat.

Seulement, et au commencement surtout, il faut le voter comme un principe plutôt que comme un impôt ; car la propriété en France étant si subdivisée et si modique, que le luxe mobile du travail y est à peine naissant, et qu'il disparaîtrait sous le moindre froissement, si l'impôt sur le revenu atteignait le moins du monde ces facultés d'aisance et de luxe dans le riche, il atteindrait à l'instant, ruinerait et affamerait le travail. Cet impôt rendra environ 60 millions.

CHAPITRE V.

§ Ier.

Enfin, on vous crie de toute part, au nom du peuple : Supprimez tous les impôts indirects que payent les consommateurs, car les consommateurs c'est le grand nombre, et le grand nombre c'est le peuple !

Je vous ai démontré l'irréflexion de ce système qui rejetterait la totalité des charges publiques sur les terres, et qui par là les rendrait ou incultes ou féodales. Je n'y reviens pas.

Mais je veux vous démontrer seulement que la propriété des terres ou des immeubles n'est pas le seul titre du citoyen à participer aux charges publiques, et que la qualité seule de citoyen donne en toute justice titre à l'impôt.

Que représente l'impôt ?

Nous l'avons dit, il représente le loyer de la place que le citoyen occupe dans l'édifice de la société.

Le loyer de cette place ne consiste-t-il que dans la place occupée par vos propriétés, vos champs, vos maisons, vos boutiques, vos ateliers ? Ne représente-t-il pas avant tout la place de vos personnes, de vos familles, de vos femmes, de vos enfants, de vos vieillards? Ne devez-vous à la société que vos propriétés? ne lui devez-vous pas le loyer personnel de tous les autres services généraux qu'elle vous rend : défense de vos fonctions, sûreté individuelle, garantie de tous vos droits d'homme, de père de famille, de citoyen? Instruction, justice, religion, tombeau et berceau de l'homme, tout ne vous vient-il pas d'elle? Peut-elle vous assurer tout cela gratis et sans demander à chaque individu qu'elle assure ainsi dans sa personne, dans sa dignité, dans ses droits, la contribution proportionnée à ses forces et à la place que cet individu occupe dans la communauté?

Vous sentez de vous-mêmes que ce serait inique. Chacun doit pour ce qu'il recueille. Comme propriétaire, vous recueillez des revenus; comme homme, vous recueillez patrie, protection, droits et facultés, garanties de toute espèce. Vous devez donc aussi.

§ II.

Eh bien! c'est au moyen des impôts indirects ou des taxes de consommation que l'État reçoit des mains de tous les citoyens sans exception, prolétaires, ouvriers ou autres, la part de contribution qu'on ne peut faire porter sur leurs propriétés, puisqu'ils n'en ont pas, mais qu'ils lui doivent cependant pour les besoins du peuple et pour les services généraux qu'il leur rend.

§ III.

On vous dit : ce mode d'impôt est inique, attendu qu'il ne pèse pas plus sur le riche que sur le pauvre, ou même qu'il pèse plus particulièrement, quelquefois, sur le pauvre que sur le riche. Cela est vrai pour deux ou trois de ces taxes seulement : la taxe du sel, la taxe des prestations en nature pour les chemins vicinaux, la taxe sur l'entrée des vins dans les villes, taxe par laquelle le vin de luxe ne paye pas plus que le vin de nécessité.

Deux de ces taxes avaient été corrigées par la République ; les autres le seront successivement quand on aura découvert le mode de constater la différence entre les denrées de même nature, comme vin et vin dont l'un est luxe et l'autre est soif, et d'y proportionner l'impôt, mode difficile mais possible, et qui rétablira l'équité dans l'impôt de consommation.

Mais, en général, l'impôt indirect ou de consommation se proportionne plus naturellement qu'aucun autre. Il ne se proportionne pas par la taxe différente que le riche et que le pauvre ont à payer à l'État pour la consommation de l'objet consommé ; mais il se proportionne par la répétition de la taxe qui frappe autant de fois l'objet consommé qu'on en renouvelle soi-même la consommation. Vous allez le comprendre.

§ IV.

Vous êtes pauvre et je suis riche ; nous avons l'un

et l'autre à acheter, pour notre consommation, une bouteille de vin, un kilogramme de tabac ou de sucre.

Vous êtes pauvre, vous n'avez à abreuver que vous, votre père, votre fils; vous payez trois fois la légère taxe que le trésor public frappe sur la bouteille de vin, le kilogramme de tabac ou de sucre.

Je suis riche, j'ai à ma charge, dans ma maison, dans mes ateliers, dans mes usines, dans mes terres, vingt, trente, cent parents, domestiques, commis, serviteurs, commensaux, etc.; je suis obligé d'acheter vingt, trente, cent bouteilles de vin, kilogrammes de tabac ou de sucre, pendant que vous en achetez trois. Je paye donc en réalité et justement vingt, trente, cent fois de plus l'impôt de consommation que vous. Cet impôt est donc proportionnel. Les impôts de consommation justes, en théorie, le seront complètement dans la pratique lorsque la législation de l'impôt des boissons sera corrigée.

§ V.

Je vous ai montré plus haut qu'il était parfaitement politique, car il s'abaisse et il s'accroît en proportion de l'indigence ou de la prospérité de la communauté. Il est élastique comme les circonstances; par conséquent il pèse, mais il n'écrase pas. Enfin, il ne demande pas tout l'impôt à la même faculté imposable; il diversifie la taxe, il la répartit sur un plus grand nombre d'objets à imposer, et par là même qu'il est mieux distribué, il est moins senti ; le cri qu'il soulève est moins général, et par là aussi on lui résiste moins. C'est l'impôt le moins séditieux, en un mot.

Comme source de produits pour l'État et comme richesse imposable du peuple, il est inépuisable et incalculable. L'impôt indirect, transformé prudemment sur les vins, peut s'élever immédiatement à 150 millions. L'impôt indirect sur les tabacs peut s'élever, en dix ans, à 200 millions. L'impôt indirect sur le sucre, si vous aviez la sagesse de prendre pour la République et pour ses colonies le monopole partiel du sucre, comme vous avez celui du tabac, n'aurait pas de limite dans son produit ; le sucre se donnerait au peuple à 25 centimes le demi-kilogramme, et la République prélèverait, au profit du peuple, 300 millions d'impôt indirect sur le sucre.

CHAPITRE VI.

§ Ier.

Toutes ces améliorations accomplies graduellement et facilement dans la perception de l'impôt assurent, vous le voyez, à la République, un revenu au moins égal à ses charges dans un avenir prochain.

Mais, dites-vous, il faut atteindre à cet avenir, et, en attendant, nous avons un déficit de 120 à 200 millions à couvrir. Comment faire ? Faut-il y engloutir le pays ? Faut-il faire banqueroute aux créanciers de l'État ? Faut-il supprimer les services publics en supprimant les traitements? Faut-il supprimer le travail en supprimant les grandes dépenses de l'État?

Non. Ce sont là des moyens de détresse, de désespoir, d'iniquité, de ruine publique, qui ne guériraient rien, qui empireraient tout.

§ II.

Il faut relever deux puissances financières qui, à elles deux, soulèveraient un budget deux fois plus pesant que celui qui pèse aujourd'hui sur la République.

Ces deux puissances sont :

L'une, le crédit de l'État.

L'autre, le crédit des particuliers.

§ III.

Le crédit de l'État, c'est la confiance donnée aux individus possesseurs de capitaux en France, en Europe, en Amérique, en Asie, partout, que l'État est un créancier honnête et sûr, qui ne fera jamais banqueroute d'un centime à personne, qui possède un capital infini et incalculable, et avec lequel il y a quelquefois beaucoup à gagner, jamais rien à perdre.

Cette confiance inspirée au monde vous ouvre la source sans fond du crédit public en France et ailleurs.

Démocratisons le crédit public.

Vous tenez la clef de ce système déjà dans la main, par les capitaux populaires que vous versent les caisses d'épargne. Le peuple a pris confiance dans la probité du peuple. L'emprunt est là autant que dans la caisse des banquiers européens. Chaque fois que vous aurez, comme en ce moment, des besoins de circonstances extraordinaires, proclamez l'emprunt, recevez les centimes, ne regardez pas à l'intérêt, reversez-le en travail; restaurez ainsi la propriété, étouffez le socialisme spoliateur sous l'aisance. L'impôt indirect accru par l'aisance vous compensera promptement la perte sur l'intérêt. C'est l'amortissement, non par le rachat ou par conversion des rentes, mauvais systèmes, petits systèmes, qui rendent les prêteurs défiants et exigeants; mais c'est l'amortissement de l'intérêt lui-même par l'accroissement indéfini du capital national. C'est le cercle vicieux de la richesse publique. On est riche parce qu'on emprunte, et on emprunte parce qu'on est riche.

Si vous devez aujourd'hui deux cents millions sur un capital national qui vaut cent milliards, et que votre capital national, par votre bonne gestion du crédit et par votre multiplication du travail, vaille, dans dix ans, deux cents milliards, n'est-il pas vrai que votre dette aura diminué d'elle-même de moitié? Eh bien! doublez, triplez, décuplez encore la valeur croissante de ce capital national, vous ne serez pas encore dans la vérité. Dieu seul en connaît les bornes. Une dette bien servie et bien employée, n'est donc rien pour la république honnête. Je me trompe; elle est une source de richesse, car elle constate et elle perpétue la faculté d'emprunter.

Or, il faut emprunter dans les années difficiles et dans les grandes circonstances. Y a-t-il années plus difficiles, y a-t-il circonstances plus grandes pour un peuple, que celles où une révolution le surprend et où il transforme son gouvernement?

Créez l'emprunt de la République ; elle en vaut la peine. On dira dans cent ans dans l'histoire : La République, l'organisation de la démocratie, la préservation de la société menacée, la vie, le salaire, le travail du peuple ont coûté, en 1850, à la France, la création de cent millions de rentes constituées. Qui est-ce qui s'en souvient? Que valent aujourd'hui, en 1951, ces cent millions de rentes? Qui sait? peut-être l'impôt annuel de deux départements?

Voilà le crédit public! Que craignez-vous avec ce *multiplicateur* du capital et cet *amortisseur* de la rente sous la main?

Vous êtes des enfants en économie; vous êtes des bornes en finances. C'est ici que le mot de *Danton* devrait être le mot du gouvernement et de l'Assemblée : *Osez!* La révolution financière est dans ce mot.

CHAPITRE VII.

§ Ier.

J'ai dit aussi le crédit des particuliers. Je m'explique.

Qu'est-ce que le crédit des particuliers? Daignez étudier la réponse.

Le crédit entre particuliers est une monnaie que les citoyens frappent réciproquement les uns sur les autres.

Cette monnaie, frappée ainsi par les citoyens les uns sur les autres, et marquée à l'effigie de leur nom ou de leur signature, multiplie entre eux le signe monétaire, ou l'instrument d'échange, dans une proportion aussi énorme et aussi incalculable que si le balancier des hôtels de monnaie de toute la République frappaient jour et nuit des millions d'or et d'argent.

Je vais vous le prouver.

J'ai confiance en vous et vous avez confiance en moi. Nous allons l'un chez l'autre. Vous me dites : donnez-moi un morceau de papier sur lequel vous écrirez que dans six mois ou dans un an vous me payerez mille ou cent mille francs. Je vous écris ces mots sur ce morceau de papier. Vous le contre-signez vous-même, vous l'emportez, vous le donnez à un tiers, qui vous remet contre cette monnaie de confiance, soit une monnaie de métal, qui sert à détailler cette grosse monnaie de papier, soit des denrées en échange pour vos nécessités, pour vos entreprises, pour vos industries. Voilà ce que j'appelle une monnaie réciproque que les particuliers frappent les uns sur les autres. Voilà le crédit entre particuliers.

Vous comprenez que cette monnaie ou cette richesse n'a d'autres limites que la confiance réciproque que les citoyens s'inspirent mutuellement.

LE CONSEILLER DU PEUPLE.

Première Partie.

LE PASSÉ, LE PRÉSENT, L'AVENIR

DE LA

RÉPUBLIQUE.

LIVRE III.

(Suite.)

CHAPITRE VII.

L'IMPOT SUR LE REVENU.

§ II.

Or, qui est-ce qui fonde cette confiance réciproque entre les citoyens, et qui est-ce qui crée ainsi cette incalculable richesse du crédit entre particuliers?

Deux choses:

La probité.

La sécurité dans le pays.

La probité consiste, dans les affaires, à tenir avec fidélité et avec ponctualité ses engagements; par conséquent à ne prendre, envers son voisin ou son prêteur, que les engagements qu'on peut tenir. C'est là le rôle de la conscience dans les affaires.

On a dit que l'exactitude était la politesse des rois. On peut dire que la ponctualité est la conscience des affaires.

Il y avait autrefois un honneur chevaleresque des gentilshommes qui consistait à ne jamais marchander sa vie contre son devoir. Il y a aujourd'hui un honneur de tous les citoyens, qui consiste à ne jamais marchander sa fortune contre sa signature. Cet honneur, c'est tout simplement l'honnêteté publique.

L'honnêteté, c'est le crédit. Plus ce sentiment s'accroîtra dans les masses par l'instruction, par le désir légitime de la considération mutuelle, par l'exercice plus fréquent de ce jugement réciproque que nous portons les uns sur les autres, dans une démocratie qui rapproche tout le monde par le sentiment religieux surtout, que la liberté des cultes vivifie et multiplie toujours, plus le crédit entre particuliers deviendra une ressource immense pour la République.

Chose merveilleuse! un peuple laborieux est plus riche de sa conscience que de ses écus!

Croissez en conscience, vous croîtrez en richesse!

Tous les systèmes que le communisme et le socialisme vous prêchent depuis dix ans manquent de conscience; car tous ces systèmes menacent les existences acquises, grandes ou petites, de trouble, de dépossession, d'expropriation, de spoliation, d'arbitraire odieux dans une soit-disant distribution nouvelle de la richesse ou de la propriété. Voilà pourquoi les seuls mots de communisme et de socialisme, la seule énonciation de ces systèmes ou de ces rêves, a ruiné momentanément le crédit de l'État et le crédit entre les citoyens.

On a cru voir disparaître la conscience du monde. Le crédit, qui n'est que la conscience, a disparu avec le sentiment de l'honnêteté.

CHAPITRE VIII.

§ Ier.

La seconde condition du crédit entre particuliers, c'est la sécurité dans le pays.

Vous comprenez que pour avoir confiance dans la solvabilité de quelqu'un, il faut être sûr qu'on ne lui dérobera ni sa vie, ni sa patrie, ni son champ, ni sa maison, ni ses moyens de travail, ni les débouchés de ses produits, ni ses consommateurs.

Or, du moment que l'ordre social est troublé, soit par des ébranlements, soit par des révolutions politiques, soit par des rassemblements populaires, soit par des écrits incendiaires, soit par des prédications sanguinaires, soit par des doctrines menaçantes pour la famille, la propriété, l'industrie, l'or se cache, comme une dernière ressource contre la barbarie ; personne n'est sûr que son voisin aura, au terme du billet, le moyen de le payer ; personne n'est sûr de pouvoir tenir soi-même, à l'échéance, l'engagement contracté. Qu'arrive-t-il ? On n'accepte pas cette monnaie de confiance, ce billet; on n'en émet pas soi-même, on se restreint, on liquide; le crédit entre particuliers se crispe et s'évanouit; des milliards de cette monnaie réciproque disparaissent avec le crédit. Un vide immense se fait dans les opérations. Il semble que tout le monde a été décimé dans sa fortune. Le travail s'arrête, le riche souffre, le peuple s'anéantit.

Quel est le remède ? Un seul : le rétablissement graduel de cette sécurité.

L'ordre à tout prix!

L'ordre, ou la faim et la mort du peuple!

Il n'y a pas de milieu; — car l'agitation désespérée et non réprimée du peuple ne ferait qu'accroître le désordre et les calamités du peuple.

§ II.

Au moment où nous sommes, l'ordre sévèrement maintenu est donc la première des conditions de vos finances.

Celui qui fait de l'ordre fait des écus pour le peuple.

Celui qui fomente le désordre est donc l'affameur du peuple.

Cette vérité est heureusement comprise déjà par l'immense majorité des ouvriers et des masses.

Le jour prochain où cette vérité économique sera comprise tout-à-fait par la multitude, la richesse du peuple sera retrouvée.

Ce jour n'est pas loin.

CHAPITRE IX.

CONCLUSION.

Voilà le tableau exact de la situation de la République, présenté avec franchise et avec impartialité aux regards du peuple.

Y a-t-il à désespérer d'une telle situation?

Y a-t-il à se décourager de la République et de la démocratie organisée?

Y a-t-il à se précipiter de nouveau, tête baissée, dans ces aventures rétrogrades de monarchies tant de fois écroulées sur le peuple, et à demander la préservation de la société et la stabilité des institutions à ce qui n'a pas pu se préserver soi-même et à ce qui n'a pu exister en moyenne sept ans de suite sur le sol révolutionné de notre nation?

Non! il y a à achever avec persévérance l'œuvre téméraire peut-être, mais nécessaire, que la nation a commencée en 1789, poursuivie en 1814, et consommée en 1848: le gouvernement de la nation par sa propre main; l'organisation imparfaite d'abord, progressive toujours, conservatrice à la fois de la démocratie régulière.

L'unité du peuple!

La république de tout le monde!

Il y a infiniment moins de dangers et d'efforts à

marcher désormais en avant, qu'à marcher en arrière.

Sans compter que la route en arrière vers la monarchie est coupée par le suffrage universel ;

Sans compter qu'il faudrait de plus refaire, avant dix ans, tout le chemin vers la démocratie et vers la République, que nous abandonnerions par notre inconstance !

Et qui sait si la révolution que nous préparerions ainsi à nous ou à nos enfants trouverait dans un peuple aussi magnanime un enthousiasme aussi généreux, une modération aussi méritoire que dans le peuple si calomnié de février ? Qui sait s'il y aurait des mains assez douces et assez fortes pour gouverner une seconde fois ces tempêtes ? Les miracles ne se répètent jamais. Ne tentons pas le dieu de la démocratie, qui en a une fois abrégé les épreuves en assurant son triomphe.

Il y va cette fois, non-seulement de la sécurité, mais il y va de l'honneur de la France. Cette inconsistance dans ses actes et dans ses volontés porterait dans l'Europe et dans l'histoire le dernier coup à sa renommée de nation sérieuse, et le mot de César deviendrait, après cette abdication, l'injure des siècles.

« Nation incapable de supporter la monarchie, » nation incapable d'exercer la république. »

Quoi donc ? peuple sans définition !

FIN DE LA PREMIÈRE PARTIE.

Deuxième Partie

LIVRE IV.

DE L'ORGANISATION DU SUFFRAGE UNIVERSEL.

CHAPITRE Ier.

CONSIDÉRATIONS PRÉLIMINAIRES.

§ Ier.

Je passe aux questions organiques dont la solution, préparée d'avance dans la pensée publique, doit contribuer plus tard à l'organisation complète et régulière de notre démocratie gouvernementale.

Depuis que la Constitution vit, que les factions se calment, que les ressorts du gouvernement jouent, que l'administration administre, que la majorité presque unanime de la nation discute et inspire, que le pouvoir exécutif, personnifié dans un président et dans ses ministres, exécute, avec la force invincible et avec la liberté convenable, la volonté du pays ; depuis, en un mot, que la République, au lieu d'être une révolution, comme dans la première période, puis une dictature de sept hommes, puis un problème en discussion dans une assemblée constituante, est devenue un gouvernement établi, la France respire, les esprits reprennent leur sang-froid, les intérêts leur aplomb, les affaires leur élasticité ; le temps fait son œuvre, œuvre qui n'appartient qu'à lui seul ; il crée l'habitude du gouvernement républicain ; il démontre par le fait qu'on peut vivre en ordre et en sécurité dans une grande démocratie, quoiqu'un trône ait disparu dans une tempête. Une fois cette habitude cimentée par un peu plus de temps encore, et la République aura répondu à ses incrédules comme le paysan d'Athènes répondit au sophiste grec qui niait le mouvement : en marchant.

Mais on entend partout ce murmure : « Cela tien-
» dra-t-il ? Oui, nous marchons ; les factions anar-
» chiques s'éteignent dans le sentiment de la néces-
» sité de l'ordre, sentiment poussé jusqu'à l'évidence
» dans un peuple d'ouvriers, dans une nation indus-
» trielle et trafiquante, à qui toute journée d'émeute
» coûte trois mois de salaires anéantis et de crédit
» évanoui ! Les factions démagogiques, communistes,
» socialistes, radicales, meurent au grand jour comme
» ces fantômes que la lumière chasse. La France a
» tellement le génie social, qu'elle aurait inventé la
» société et la propriété, si la société et la propriété
» n'avaient pas existé avant elle. Ce n'est pas elle qui
» les laissera nier ou périr sous trente millions d'in-
» térêts, ou sous six millions de baïonnettes. La paix

» du monde est assurée pour tout esprit intelligent
» qui sait distinguer, entre les faux courants, le véri-
» table grand courant des choses humaines. L'Eu-
» rope accomplit ce progrès. Nous sommes dans le
» siècle où la révélation de la paix se fait enfin à l'hu-
» manité. La France l'accepte, l'Angleterre la veut,
» l'Allemagne en a besoin, la Russie serait en mino-
» rité pour la violer; aucun nuage de poudre à l'hori-
» zon, si ce n'est du côté de l'Orient. L'Occident se
» rasseoit en équilibre sur ses bases; les luttes inté-
» rieures entre les trônes qui s'abaissent et les insti-
» tutions populaires qui grandissent, occuperont
» assez les souverains et les peuples chez eux. Le
» temps des conquérants est passé ; le temps des lé-
» gislateurs commence. Nous pourrions désarmer s'il
» ne s'agissait que de défenses extérieures; nos fron-
» tières seraient gardées par un écriteau. »

§ II.

« Mais cela durera-t-il? et sur quoi tout cela est-il
» fondé? Sur un problème ! sur le suffrage universel,
» qui a sauvé deux fois la nation : une fois au mois de
» mai 1848, en nommant l'Assemblée constituante,
» sagesse improvisée du pays; une fois en 1849, en
» nommant l'Assemblée législative, dont la majorité
» immense et même la moitié de la minorité,
» veulent prêter force et modération au gouvernement
» républicain.

» Cependant, ajoute-t-on, que s'en est-il fallu, aux
» dernières élections générales, que le suffrage

» universel ne tombât en cécité ou en démence?
» Que s'en est-il fallu que le peuple, égaré ou
» ignorant surtout, n'envoyât à l'Assemblée na-
» tionale une majorité de radicaux, d'utopistes chi-
» mériques, ou de démagogues arriérés, qui au-
» raient constitué une *montagne* de fantaisie et un
» gouvernement de démolition et de terreur, au
» milieu d'un pays de bon sens et de paix? Qui peut
» envisager sans frémir l'invasion des clubs anar-
» chiques dans le sanctuaire de l'Assemblée natio-
» nale? Quelles paniques et quelles ruines ne fe-
» raient pas de pareilles mains? Nous savons bien
» que cela ne serait pas long; nous savons bien qu'a-
» près un premier moment d'étonnement muet et de
» stupéfaction inerte du pays, le Nord et le Midi, l'Est
» et l'Ouest, la propriété, la morale, la civilisation,
» l'honneur, l'industrie, le commerce, l'armée, la
» garde nationale, les ouvriers, le désespoir, la peur
» même, se leveraient contre ce gouvernement d'ex-
» trémité, contre cette dictature de l'anarchie, et
» qu'un *neuf thermidor*, universel et foudroyant, fe-
» rait justice à la France de cette terreur de quinze
» jours. Mais que de mal, que de désastres, que de
» sang peut-être dans ces quinze jours! que d'an-
» nées pour en guérir les blessures! que de sacrifices
» de liberté, que de proscriptions pour en éteindre le
» souvenir et pour en prévenir le retour! Quelle ré-
» publique y survivrait? et quel régime succéderait à
» cette république? Quelle est aujourd'hui la royauté
» qui n'eût au bout d'un mois contre elle les deux

» tiers de la nation attachés à des royautés contraires
» ou à la démocratie comprimée? Nous remonterions
» donc le cours des révolutions, pour avoir à le re-
» descendre encore? Cela fait trembler l'esprit le plus
» ferme, et cependant tout cela ne tient qu'à une
» folie, à un vertige, à un égarement du suffrage
» universel! Sphynx terrible des temps modernes,
» dont personne ne connaît l'oracle, et dont l'oracle
» est la vie ou la mort des nations! Pouvons-nous
» dormir sous une telle anxiété? le hasard est-il un
» gouvernement? »

§ III.

Je ne nie rien de la réalité de ces inquiétudes, rien de ces possibilités extrêmes de dangers, bien qu'on peut répondre à ceux qui se troublent que les deux épreuves les plus redoutables pour le suffrage universel, l'épreuve faite par le gouvernement provisoire et l'épreuve faite par l'Assemblée constituante, n'ont vérifié aucun de ces pronostics désespérés; la première a produit une assemblée d'une sagesse presque unanime, la seconde a produit une immense majorité de conservation nationale; on pourrait ajouter que si, pendant la fièvre même d'une révolution, la France en masse n'a pas eu le délire du suicide, dans le calme de la réflexion et de l'intérêt personnel bien compris, la France ne se suicidera jamais.

Cependant je serais moins fondé que tout autre à nier que le suffrage universel, organisé comme il l'a été par l'Assemblée constituante avec le scrutin de liste et l'omnipotence des clubs, ne fût un sérieux danger pour l'avenir de la France et de la République. J'ai été un des premiers frappé de ces vices et de ces dangers, et j'ai protesté de toute l'énergie de ma prévision contre ce mode. Je reconnais donc qu'il y a danger possible pour le pays à jouer tous les trois ou quatre ans à cette *loterie* de sa souveraineté, sans s'être assuré d'avance qu'il ne tirera pas l'aveuglement, la démence et la violence de l'urne. Je reconnais que les sincères amis de la République doivent rechercher dès aujourd'hui dans leur esprit la meilleure organisation possible, non du principe, mais de l'exercice du suffrage universel, afin d'être prêts à la discuter et à la décréter le jour légal auquel la Constitution a ajourné sa révision. Pour que l'opinion soit faite ce jour là, il faut la faire dès aujourd'hui. Qu'est-ce qu'un principe qui n'est pas organisé? Ce n'est qu'une idée. Le suffrage universel chez nous n'est encore qu'à l'état d'idée ; il faut l'organiser, et il sera gouvernement.

CHAPITRE II.

DU PRINCIPE DU SUFFRAGE UNIVERSEL.

§ Ier.

Il faut qu'un peuple comprenne au moins bien son nom.

Qu'est-ce que la démocratie?

C'est l'égalité; c'est-à-dire c'est la participation à

droit égal, à titre égal, à la délibération des lois et au gouvernement de la nation.

Par quel procédé les citoyens participent-ils tous à titre égal au gouvernement et aux lois ?

Par le vote qu'ils portent tous à titre égal dans l'urne d'où sort sous leurs mains la représentation nationale, ou la souveraineté du peuple résumée et personnifiée dans ses représentants.

Quel est ce procédé ? Le suffrage universel.

Le suffrage universel est donc la démocratie elle-même.

La république démocratique ou le suffrage universel c'est donc une seule et même chose. Supprimez le suffrage universel, vous supprimez du même mot, l'égalité, la démocratie, la république. Vous aliénez la souveraineté du peuple, soit à une seule classe de la nation, c'est-à-dire que vous devenez aristocratie; soit à une seule famille souveraine, c'est-à-dire que vous devenez monarchie; soit à un seul homme absolu, c'est-à-dire que vous devenez despotisme.

Là où il n'y a point d'élection, tout le monde est esclave ou serf.

Là où l'élection est restreinte à un petit nombre de citoyens, quelques-uns sont souverains, les autres sont sujets.

Là où l'élection appartient à tous, personne n'est sujet, personne n'est serf, personne n'est esclave; tous sont libres et plus que libres, tous sont citoyens, et plus que citoyens, tous sont rois.

C'est la République.

CHAPITRE III.

DU TITRE EN VERTU DUQUEL LE CITOYEN PARTICIPE AU SUFFRAGE UNIVERSEL.

§ Ier.

Les choses humaines marchent par transitions graduées, c'est-à-dire que les institutions se dégagent lentement et successivement les unes des autres, comme dans la végétation la plante sort du germe, puis les rameaux de la plante, puis les feuilles des rameaux, puis les fruits des bourgeons, conservant longtemps sous leur forme nouvelle quelque chose de leur première forme. Ainsi, lorsque le principe d'élection a surgi dans l'esprit des hommes pour remplacer le principe contraire de souveraineté d'un seul, de souveraineté d'une famille ou de souveraineté d'une caste exceptionnelle de citoyens, ce principe d'élection ou de suffrage n'a pas été exercé au même titre qu'aujourd'hui. Il n'a pas été universel.

Pourquoi n'a-t-il pas été universel? Parce qu'un reste de barbarie, de tyrannie, de préjugés, d'injustice, survivait encore dans la politique et dans la théorie à la découverte évangélique ou démocratique de l'égalité morale de droit des hommes entre eux.

Ainsi il y avait des esclaves à Rome et à Athènes.

Ainsi il y avait des ilotes à Sparte.

Ainsi il y avait des *parias* aux Indes.

Ainsi il y avait des plébéiens à Rome.

Ainsi il y avait des sujets à Venise.

Ainsi il y avait des noirs hier encore dans nos colonies.

Ainsi il y avait des prolétaires même sous la constitution de 1791 et sous la Convention, ou des hommes qui ne payaient pas d'impôt et qui ne votaient pas.

Bien qu'il y eût des républiques dans ces différents pays, on excluait les esclaves, les ilotes, les parias, les plébéiens de certaines magistratures; les sujets de la république, les hommes de race étrangère établis et vivant sur ses terres, les hommes de race noire, mulâtre ou de sang mêlé, ne votaient pas. Ceux-là donc étaient exclus de l'exercice de la souveraineté nationale ou de l'élection. Le droit de suffrage était un privilége. La justice et l'égalité souffraient de nombreuses exceptions. Le grand droit de l'homme n'était pas trouvé, ou bien des législateurs jaloux n'avaient pas eu la vertu de le reconnaître, ou bien des législateurs timides n'avaient pas eu le courage de l'appliquer. La justice des républiques même était partiale; elle était bornée par l'égoïsme des classes dominantes. Elle avait deux poids et deux mesures. L'homme ne reconnaissait pas dans l'homme le sceau de Dieu.

CHAPITRE IV.

DU SIGNE DU DROIT AU SUFFRAGE UNIVERSEL.

§ Ier.

Lors même que la *démocratie*, conséquence de

l'égalité évangélique, commença à s'essayer sur la terre, à se constituer en gouvernement, à appeler les citoyens à émettre leur droit, leur opinion, leur volonté dans l'élection, cette démocratie imparfaite conserva jusqu'à nos jours, presque partout, les préjugés des anciennes démarcations de castes, de races, ou de professions, et des anciennes exceptions à la souveraineté. Ainsi, en France même, après la révolution française, la démocratie excluait les prolétaires, les non possédants, ceux qui ne payaient pas un impôt égal au salaire d'un certain nombre de journées de travail, et les hommes de conditions soi-disant serviles, les domestiques, par exemple, précisément ceux qui participent le plus à la propriété, aux mœurs, aux familiarités, aux lumières, aux affections, aux vertus, à l'esprit de conservation des familles !

En un mot, la loi électorale de ces démocraties timides ne prenait pour signe de la capacité électorale que la propriété. La propriété, signe matériel, brutal, accidentel, non inhérent à l'homme; un signe que l'homme peut perdre par des vertus telles que la générosité, le désintéressement, la probité; un signe qu'il peut acquérir par des vices, la cupidité, l'avarice, l'usure, le vol !

Dans ce système qui a régné jusqu'à nous, Socrate n'eût pas été électeur à Athènes, Jean-Jacques Rousseau en France, les premiers chrétiens à Jérusalem !... Harpagon, Lucullus, Mandrin, l'eussent été partout.

L'erreur de cette démocratie venait de deux causes.

Premièrement, elle ne respectait pas assez le signe des signes, le titre des titres, le signe de l'intelligence, le titre de l'humanité, le doigt de Dieu sur le front de toute créature appelée homme.

Secondement, elle cherchait une garantie qu'elle avait le droit de chercher, un gage donné par le citoyen à la cité, à la société, à la république, avant de lui confier l'exercice de sa part de souveraineté dans le suffrage; et au lieu de chercher cette garantie, ce gage dans l'homme lui-même, elle le cherchait à côté. Elle le trouvait dans son impôt, dans son champ, dans son écu. Elle ressemblait au *Caron* des fables antiques qui passait les ombres aux Champs-Élysées, et qui, au lieu de voir les âmes, ne comptait que les *deniers* que l'on mettait dans la main des morts.

C'était le matérialisme en action de la démocratie naissante, et comme tous les matérialismes, il trompait l'élection, et il ne donnait en réalité de gage qu'à une seule nature d'intérêt social, la propriété. Il n'en donnait ni à la moralité tout aussi pure dans la pauvreté, ni à l'intelligence tout aussi élevée dans le désintéressement, ni à la probité tout aussi commune dans le prolétariat ou dans la domesticité, ni au génie, don de Dieu tout aussi réparti par la Providence aux enfants des familles indigentes qu'aux fils des familles enrichies.

§ II.

La démocratie, en s'avançant vers la perfection,

devait inévitablement arriver à chercher ce titre et ce signe dans un ordre d'idées supérieures et spiritualistes. Elle a fait ce pas le 24 février 1848. Elle a passé, aux applaudissements certains de la postérité, du matérialisme des démocraties antérieures, dans le spiritualisme des démocraties futures. Elle a rendu l'hommage dû à Dieu dans sa créature. Elle a dit à tout Français en âge de raison, en condition d'intelligence et de moralité appréciables : « Tu participeras
» au droit, à l'exercice du droit social, non parce
» que tu possèdes, mais parce que tu es! Je ne te
» demande aucun *cens* matériel; je te fais citoyen et
» électeur, parce que Dieu t'a fait homme. Ton signe
» de souveraineté, c'est ton âme; ce n'est pas ton
» champ, ton mur ou ton centime; et ce signe il est
» inaliénable comme ton nom d'homme égal à moi. »

De ce jour, la société a été spiritualiste au lieu d'être payenne. L'inspiration fraternelle a été obéie. Les traces des anciennes démarcations, des antiques servitudes, des odieux esclavages ont été abolies. La nature humaine a été réhabilitée, non par l'or, mais par l'esprit. Cette révolution s'appellera à jamais le suffrage universel.

CHAPITRE V.

QUELS ÉTAIENT LES INCONVÉNIENTS DU CENS EXIGÉ PAR LES ANCIENNES DÉMOCRATIES POUR EXERCER LE DROIT ÉLECTORAL.

§ Ier.

Le principal de ces inconvénients, c'est celui que

nous venons de signaler. Il matérialisait la société humaine; il en faisait une société en commandite, au lieu d'en faire ce qu'elle doit être, une religion civile en action. Il déifiait l'écu; il dégradait l'âme.

Le second de ces inconvénients, c'est que le système électoral créait l'arbitraire, révoltait ainsi la pensée, et prédisposait l'esprit du peuple à une insurrection intérieure constante contre ses gouvernements.

Ainsi, la loi disait : Un tel, qui paye deux cents francs d'impôt, un idiot peut-être, un débauché, un paresseux, un ignorant, un ivrogne, sera électeur et souverain; et un *tel*, son voisin, un honnête homme, un homme laborieux, moral, éclairé, le modèle des citoyens de la commune peut-être, ne le sera pas, parce qu'il ne paye que 199 francs au percepteur!

Ainsi, un hasard, une fraction, une fenêtre imposée, un arbre de plus ou de moins, un pas dans un champ, un centime dans l'addition, établissait ce privilége de décider du sort du pays pour l'un, et de se taire, d'obéir et de payer, pour l'autre! Il y avait là, à tout instant, un scandale, une iniquité, une déraison, une honte qui criait vengeance. Le sentiment perpétuel de cette injustice du fisc ou du hasard, converti par la société en loi, soulevait l'indignation du bon sens. C'est une mauvaise base de gouvernement qu'un scandale. Cela enlève le respect dans ceux qui obéissent, la dignité dans ceux qui commandent.

Il y avait encore un autre inconvénient : c'est que le *cens*, qui était une véritable aristocratie et qui constituait un véritable privilége, divisait la nation en deux nations : Une majorité qui obéissait, une minorité qui gouvernait. Toute nation divisée ainsi, au lieu de former une complète et homogène unité, se divise aussi d'opinion et d'intérêt, et finit par se combattre et par déchirer son gouvernement. Vous l'avez vu en 1830. Vous l'avez vu le 24 février. Il n'y a de solide que ce qui est de même nature. L'unité du peuple, qui fait sa force contre l'étranger, fait aussi toute sa solidité contre les factions.

Enfin, il y avait dans le *cens* exigé pour avoir le droit de suffrage, un dernier et suprême inconvénient dans une forme de gouvernement qu'on appelait représentative, c'est que ce nom de gouvernement représentatif était un mensonge, et que la propriété, et même la grande et moyenne propriété, était seule représentée.

§ II.

Or, indépendamment de la nécessité de faire représenter toutes les natures de propriétés dans l'assemblée qui fait les *budgets*, n'y a-t-il pas nécessité morale de faire représenter, non-seulement la propriété, mais toutes les autres conditions, professions, facultés et droits de la nation dans l'assemblée qui fait les lois? La propriété est-elle donc le seul intérêt des hommes réunis en société? Faut-il se désintéresser de tous les autres? Devez-vous déchirer du

Code et de la Constitution toutes les pages qui ne concernent pas exclusivement la propriété? L'homme n'est-il que contribuable; n'est-il pas homme ? Les lois ne touchent-elles qu'à son champ ? ne touchent-elles pas à tout son être, lors même qu'il ne posséderait pas un sillon ou un centime? Le prolétaire n'a-t-il pas autant besoin de ces lois, autant d'intérêt à ces lois, que l'imposable ou le propriétaire? N'est-il pas un être religieux, et n'a-t-il pas intérêt aux lois sur les cultes? N'est-il pas fils, père, époux, et n'a-t-il point intérêt aux lois sur la famille? N'est-il pas perfectible, intelligent, et n'a-t-il pas intérêt aux lois sur l'instruction? N'est-il pas ouvrier, agriculteur, et n'a-t-il pas intérêt aux lois sur le travail? N'est-il pas enfant du sol, et n'a-t-il pas intérêt aux lois sur la conservation de la patrie? N'est-il pas *conscrit*, et n'a-t-il pas intérêt aux lois sur le recrutement? Ne donne-t-il pas son sang à son pays, et n'a-t-il pas droit aux lois sur la paix ou sur la guerre? N'est-il pas infirme, indigent, malade, enfant abandonné, vieillard délaissé, et n'a-t-il pas intérêt aux lois sur l'assistance, sur le secours, sur l'hospice, sur les institutions de la fraternité humaine?

Vous ne pouvez le nier, sans en faire un ilote. Toutes ces lois sont siennes comme s'il payait dix mille francs d'impôt. Sa vie, son sang, son intelligence, sa famille, son pays y sont renfermés. Il a donc droit d'être représenté comme vous dans ces conseils où vous faites ces lois devant lui, sans lui, souvent contre lui! Autrement il sera lésé, oublié, opprimé; il se plaindra, son murmure juste s'élèvera sans cesse du fond de votre société et troublera l'harmonie sociale. Une société troublée ainsi par le remords d'une perpétuelle injustice, ne repose jamais longtemps en paix. Il n'y a de paix que dans la justice. Le *cens* n'est pas juste.

Nous l'avons donc supprimé.

CHAPITRE VI.

OU TROUVER LE GAGE ET LA GARANTIE ACTUELS DU SUFFRAGE UNIVERSEL ?

§ 1er.

Nous avons vu que le matérialisme politique consistait à chercher le gage et la garantie de l'électeur dans la propriété seule, dans le chiffre de son impôt, dans le *cens* ; nous avons vu, de plus, que ce procédé de hasard et de brutalité tendait inévitablement à créer deux classes de citoyens dans l'État : une classe de souverains, appelés électeurs, et une classe de sujets, composée de tous ceux qu'un centime de moins exclu de toute souveraineté ; nous avons vu, enfin, que cette division de la nation en deux catégories de citoyens, les uns souverains, les autres sujets, était destructive à la fois de la *démocratie*, qui est essentiellement *l'unité du peuple*, et de la paix entre les classes diverses de la société, qui ne peut se fonder que sur la justice et sur l'égalité des droits.

C'est donc ailleurs que dans le *cens* qu'il faut chercher le gage et la garantie de l'électeur ; c'est-à-dire, qu'au lieu de gages matériels, il faut lui demander des gages moraux. Et la société est en droit de lui demander d'autant plus ces gages moraux, qu'elle renonce plus complètement à lui demander des gages matériels de richesse, de cens, de fortune.

C'est dans cette transformation du gage de richesse en gage de moralité que consiste toute la transformation qui s'opère dans le monde, de la société matérialiste en société véritablement spiritualiste. La République est précisément chargée de cette transformation. Voyons comment elle peut l'accomplir, sans compromettre ce qu'elle est chargée aussi de conserver et de transmettre aux générations qui nous suivent : la société.

CHAPITRE VII.

DES DEUX MODES DE SUFFRAGE UNIVERSEL.

§ Ier.

Il y a deux manières d'évoquer le droit, la souveraineté et la volonté du peuple par le suffrage universel.

L'élection des représentants par le suffrage direct du peuple.

L'élection des représentants par le suffrage indirect du peuple.

Le suffrage universel direct opère ainsi : On appelle tous les citoyens d'un pays, ou d'une province, ou d'un département, ou d'une ville, et on leur dit :

nommez vous-mêmes, sans intermédiaire, votre représentant, celui qui va penser, parler, voter, agir, régner pour vous.

Le suffrage universel indirect opère ainsi : on rassemble tous les citoyens d'un pays, d'une province, d'un département, d'une ville, et on leur dit : nommez vous-mêmes, non pas votre représentant, mais nommez parmi vous des électeurs plus éclairés, plus exercés, plus versés que vous dans la connaissance des choses, des affaires, des hommes politiques, et chargez-les de nommer votre représentant.

C'est là ce que l'on appelle l'élection à deux degrés.

CHAPITRE VIII.

DU SUFFRAGE DIRECT.

§ Ier.

Vous apercevez d'un coup d'œil les avantages comparés, et les inconvénients comparés aussi, de ces deux modes d'exercer le suffrage universel. Je vais vous les signaler avec une complète impartialité.

§ II.

Dans le suffrage universel direct, le citoyen appelé à nommer lui-même et sans intermédiaire son représentant, paraît exercer plus réellement, plus personnellement, son acte de souveraineté. Son orgueil est flatté, sa dignité s'élève à ses propres yeux, son cœur s'enfle du rôle qu'on lui fait jouer. Il se dit :

On ne trompera pas mon intention, je tiens moi-même ma pensée dans ma tête, mon vote définitif dans la main ; on ne changera pas ma volonté en route ; cet homme qui va sortir du scrutin, qui va me représenter, qui va parler, discuter mes lois, gouverner enfin, c'est moi-même qui lui ai donné son mandat ; ma représentation c'est encore moi ! L'électeur s'attache ainsi davantage à son représentant, comme on s'attache à son œuvre. Il l'écoute mieux, il le considère davantage, il lui obéit plus spontanément.

Voilà le seul véritable avantage, la seule supériorité réelle du suffrage universel direct sur le suffrage universel indirect. Il rapproche l'électeur du représentant, il solidarise le peuple et la représentation du peuple, il relève la dignité du citoyen à ses propres yeux, il met la main du peuple jusque sur la tribune.

Voulez-vous voir maintenant ses inconvénients, les voici :

§ III.

Premièrement, ce mode de suffrage universel direct remue trop souvent la masse entière des citoyens pour les appeler au suffrage. Tout ce qui remue, trouble. Ce trouble trop fréquent des citoyens appelés à élire, les dérange de leurs travaux, de leurs affaires, de leurs habitudes ; il nuit au travail ; il entretient ou il réveille une perpétuelle agitation d'esprit. C'est une fièvre quelquefois nécessaire à donner au peuple, pour l'empêcher de trop s'endormir dans l'indifférence, mais dont un législateur sage ne doit pas trop multiplier les accès.

Secondement, après l'accès vient la lassitude. Le peuple, trop souvent appelé au suffrage universel, murmure de ce dérangement; il se dégoûte de ce travail d'esprit, de ce mouvement de corps, de cette interruption de travail, de ces réunions électorales, de ces clubs tumultueux, de ces sollicitations importunes, de ces choix à faire entre des candidats qui lui sont également chers ou également indifférents. Il se retire dans son ignorance, il donne sa démission de sa souveraineté, il abandonne l'exercice de son droit aux agitateurs, aux meneurs, aux intrigants des factions rivales. Ces hommes s'emparent seuls de l'élection, et le pays, au lieu d'être gouverné par le peuple, est gouverné par quelques milliers d'hommes turbulents.

Troisièmement, enfin, la masse du peuple vivant dans ses ateliers, dans ses champs, dans ses hameaux, dans ses garnisons, sur ses vaisseaux; absorbé par ses métiers, ses cultures, ses professions, ses commerces; n'ayant ni le temps, ni le loisir, ni les moyens matériels, ni l'instruction transcendante nécessaire pour connaître et juger les opinions, les situations, les aptitudes, les caractères, les probités, les moralités de ses candidats éloignés de lui, nomme au hasard le nom qu'on lui désigne, se trompe ou est trompé, prend un ambitieux pour un patriote, prend un homme de bruit pour un homme de talent, un intrigant pour un sage, un rêveur pour un philosophe, et finit ainsi par faire de l'urne électorale une véritable loterie, dont le hasard, avec un bandeau sur les yeux, tire pour le peuple la souveraineté et le gouvernement.

CHAPITRE IX.

DU SUFFRAGE UNIVERSEL INDIRECT, OU DE L'ÉLECTION A DEUX DEGRÉS.

§ Ier.

Voici ses avantages.

Ici on ne manquera pas de dire que je me déments une centième fois de plus, bien que depuis vingt ans que j'écris ou que je parle aux tribunes, je n'aie pas dans le *Moniteur* un seul mot qui en démente un autre ; mais les préjugés ne lisent pas le *Moniteur*. Il est bien plus simple de lire les pamphlets. Cependant, comme la matière est grave, et que je dois justifier de ma réflexion en la traitant, je vais montrer par cette citation que ma pensée en 1830, sur le suffrage universel et l'élection à un ou à deux degrés, était identiquement ma pensée de 1848 et de 1850.

Voici ce que je disais en 1830 sur ce sujet :

« L'élection ! il n'y a de vérité dans le pouvoir so-
» cial ou représentatif qu'autant qu'il y a vérité dans
» l'élection, et il n'y a de vérité dans l'élection qu'au-
» tant qu'elle est universelle ; cependant si vous don-
» nez l'élection à des classes qui ne la comprennent
» pas, ou qui ne peuvent l'exercer avec indépendance,

» vous la donnez fictive, c'est-à-dire, vous la refusez
» réellement.

» Que vous la fassiez parler à deux tribunes ou à
» une seule, peu importe, votre représentation natio-
» nale, nécessairement une, devra représenter tout à
» la fois le mouvement et la stabilité sociale; la haute,
» la moyenne et la petite propriété; l'intérêt d'action
» et l'intérêt de repos. Elle doit les représenter dans
» leur réalité, dans leur proportion, dans leur combi-
» naison sincères. Il n'y a pour atteindre cette rigou-
» reuse vérité, cette rigoureuse justice, qu'un moyen,
» l'élection proportionnelle. Tant que vous n'arriverez
» pas à cette réalisation facile, la France ne marchera
» ni ne se reposera ; elle s'agitera sans avancer, elle
» tombera, elle se relèvera pour tomber encore.
» L'élection proportionnelle et universelle, c'est-à-
» dire une élection qui, partant des degrés les plus
» inférieurs du droit de cité et de la propriété, seuls
» moyens de constater l'existence, le droit et l'intérêt
» du citoyen, s'élèvera jusqu'aux plus élevés, et fera
» donner à chacun l'expression réelle de son impor-
» tance politique par un vote, dans la mesure vraie
» et dans la proportion exacte de son existence so-
» ciale. Vérité parfaite, justice rigoureuse, démocratie
» complète, et cependant aristocratie de fait recon-
» nue aussi : l'élection à plusieurs degrés résoud
» seule ce problème. Toutes les unités politiques y
» ont leur élection, s'élevant, s'épurant, s'éclairant
» successivement jusqu'à l'élection suprême, produit
» exact des forces, des lumières et des intérêts du

» pays et du temps. Il y a une objection à ce système :
» le pays y répugne aujourd'hui. »

Nous en sommes encore là ; voilà pourquoi je ne demande pas le suffrage à deux degrés.

On voit donc que dès 1830, sous la monarchie comme sous la République, je déclarais deux choses, dont l'une était aussi hardie alors que l'autre est hardie aujourd'hui.

La première : que le suffrage universel était le droit de la souveraineté du peuple, ou de la souveraineté de l'opinion, ou de la souveraineté de la raison nationale. C'est la même chose.

La seconde : que le suffrage universel ne serait fondé et que la démocratie, dont il est le signe, ne serait définitivement organisée, soit en monarchie, soit en république, que par le suffrage à plusieurs degrés.

CHAPITRE X.

DE LA NATURE, DES AVANTAGES ET DES INCONVÉNIENTS DU SUFFRAGE UNIVERSEL A DEUX DEGRÉS.

§ Ier.

Cela dit, examinons sincèrement ce que c'est que le suffrage à deux degrés, et réfutons les principales objections que le préjugé démocratique lui oppose.

D'abord, comment agit-il ? Le voici :

On inscrit et on appelle tous les citoyens au chef-lieu de canton ; on leur dit : Vous allez désigner pour trois ou six ans, parmi vous, un certain nombre de citoyens les plus rapprochés de vous, les plus connus de vous, les plus éclairés dans votre opinion, les plus exercés aux choses politiques, et vous allez les nommer électeurs.

Ces électeurs ainsi nommés par vous dans chaque canton, au nombre de quarante ou de cinquante, formeront un collége électoral permanent. Toutes les fois qu'il y aura un représentant à élire, ce collége électoral permanent, nommé par vous, se rendra, à votre lieu et place, au chef-lieu de l'arrondissement ou du département, et nommera le représentant.

Voilà le procédé. Il est bien simple. Il n'est pas autre chose qu'une procuration de trois ou de six ans donnée par vous à des fondés de pouvoirs choisis par vous et chargés par vous des *fonctions* d'électeurs, fonctions que vous ne pouvez pas ou que vous ne voulez pas remplir vous-mêmes.

Que résulte-t-il de ce procédé? Trois choses excellentes.

La première, c'est que l'action de choisir un représentant politique pour le pays n'est plus une simple fonction attribuée par le hasard au premier venu, souvent incapable ou indigne de cette mission dont dépend le sort de la nation; mais que l'action d'élire devient une fonction attribuée avec choix, lumière et clairvoyance, à des citoyens déjà reconnus capables et dignes par leurs concitoyens. Garantie de moralité!

La seconde, c'est que ces électeurs, ces fonctionnaires de l'opinion étant choisis parmi les hommes les plus notoires, les plus éclairés, les plus indépendants, les plus libres de leur temps, les plus exercés dans la connaissance des choses et des individus dans le canton, dans l'arrondissement, dans le département, connaissent infiniment mieux que la masse sédentaire et affairée les notabilités locales, départementales ou nationales, entre lesquelles elles ont à choisir le représentant. Garantie de lumière!

La troisième, c'est que ces électeurs désignés par leur canton, étant investis d'un mandat obligatoire, étant en petit nombre, étant plus libres par leur position sociale de se déplacer, de perdre un jour ou deux, de faire la dépense nécessaire de ce voyage et de ce temps perdu, ne peuvent pas, comme une masse confuse et indifférente, négliger leur fonction, et que le choix bon ou mauvais de tel ou tel représentant ne dépend plus d'un myriamètre de distance, d'un torrent débordé, ou d'un jour de pluie. Garantie de l'accomplissement réel et sérieux des fonctions électorales!

Il en résulte encore cet autre avantage considérable pour la paix publique : que ce corps électoral actif, nommé pour trois ou six ans, peut être convoqué aussi souvent que le besoin de la représentation l'exige dans une république, sans déranger, troubler, agiter, lasser, dégoûter la masse entière du peuple, par des convocations, des déplacements, des accès de fièvre réitérés souvent coup sur coup, et que les fonctions électorales s'accomplissent silencieusement, en ordre et à leur place, comme toutes les autres fonctions de la vie politique ou de la vie administrative dans un corps sain. Garantie de présence réelle à l'élection !

Il en résulte enfin que ce corps électoral actif, peu nombreux à son second degré, peut se réunir dans des rendez-vous préparatoires, peut citer devant lui ses candidats pour les entendre, peut se concerter d'avance et s'éclairer suffisamment, sans offrir le danger et la turbulence de ces clubs et de ces rassemblements électoraux par masses innombrables, confuses, désordonnées, passionnées, sourdes et aveugles, qui font de chaque élection un attroupement, et de chaque attroupement un péril pour la sécurité publique. Garantie de bon ordre et de paix !

CHAPITRE XI.

OBJECTIONS CONTRE CE SYSTÈME.

§ Ier.

Mais si ce système de l'élection à deux degrés est si excellent, si démocratique et si conservateur à la fois, pourquoi donc n'a-t-il pas été adopté jusqu'ici par nos assemblées délibérantes dans les *seize* lois électorales qui ont été essayées en France depuis 1789 ? et pourquoi donc ne le représentez-vous pas vous-même en ce moment à notre pays ?

§ II.

Je commence par vous répondre que c'est là une

erreur ; que le système du suffrage à deux degrés a été la loi électorale de la France dans les élections qui ont produit les deux premières grandes assemblées de la France, puis pendant toute la période de **1794** à **1810**, où les *assemblées primaires* nommaient les électeurs, et où les électeurs nommaient les représentants ou les députés au corps législatif.

Je vais vous dire maintenant ce qui n'a jamais été dit, la vraie raison pour laquelle le libéralisme étroit et jaloux des assemblées nationales et de l'opposition prétendue libérale, de **1814** jusqu'en **1848**, a décrédité le système à deux degrés, et a établi dans le peuple le préjugé de l'élection directe à un seul degré.

Prêtez-moi ici une attention sérieuse et impartiale. Voici pourquoi :

§ III.

C'est que les libéraux de nos assemblées, de nos oppositions, de nos journaux depuis **1814** jusqu'en **1848**, ne voulaient pas au fond une démocratie complète et véritable, comme nous la voulons, nous ; mais qu'ils voulaient simplement une *olygarchie* exercée à leur profit par une seule classe de citoyens composée de deux ou trois cent mille électeurs, classe moyenne excluant tout le reste, en haut et en bas.

Vous allez comprendre que dans cette pensée de régner sur tout le reste, et de régner seuls, ils devaient nécessairement duper par des mots le peuple, en lui faisant croire que l'élection à deux degrés était sa dépossession, et que l'élection directe était son investiture. Voici le raisonnement très-simple qu'ils faisaient, par suite de cet instinct qui ne trompe jamais les corps aristocratiques.

Ils se disaient : « Nous sommes la classe moyenne
» réhabilitée en 1789 par une révolution que nous
» avons faite, et qui nous a faits ensuite ce que nous
» sommes: les maîtres des gouvernements et du pays.
» Nous avons un gouvernement représentatif, et nous
» devons vouloir représenter seuls la France dans ce
» gouvernement, autrement elle nous échapperait.
» Comment faire pour que le suffrage électoral se
» porte toujours exclusivement sur nous et s'arrête
» toujours à nous? Il faut faire une chose bien simple,
» il faut le limiter à un petit nombre d'électeurs *ho-*
» *mogènes* à nous, c'est-à-dire de même classe, de
» même condition sociale, de même fortune à peu
» près que nous, pour conserver notre *olygarchie* de
» gouvernement, c'est-à-dire gouvernement d'un
» petit nombre; il n'y a qu'à faire une *olygarchie*
» électorale, c'est-à-dire une élection par un petit
» nombre.

» Mais, poursuivaient-ils, comment obtenir de ce
» pays si essentiellement démocratique, que la masse
» du pays consente d'elle-même à se dépouiller entre
» nos mains de sa souveraineté, et qu'elle abdique à
» jamais son droit au gouvernement en faveur de
» trois cent mille citoyens, exclusivement souverains
» en vertu de leur *cens* ou de leur impôt?

» Il n'y a qu'un moyen: c'est de persuader à cette
» masse démocratique, mais peu intelligente, du pays,
» que l'élection directe est la seule élection qui accom-

» plisse la souveraineté du peuple. Une fois que nous
» aurons fait adopter au pays ce préjugé intéressé
» pour une vérité populaire, nous serons ses maîtres.
» Parlons donc, écrivons donc, imbibons le peuple
» de cette prévention toujours et partout répétée
» contre le suffrage à deux degrés.

» Car, ajoutaient-ils encore, si le peuple croit un
» jour que le suffrage à deux degrés est praticable,
» il voudra le suffrage universel, et quel prétexte au-
» rons-nous pour le lui refuser !

» Et si jamais le suffrage universel s'organise, et
» il ne peut s'organiser définitivement que par l'élec-
» tion à deux degrés, nous sommes envahis, nous
» sommes perdus ; la France d'en haut et la France
» d'en bas, les restes d'aristocratie, les forces ascen-
» dantes de la nouvelle démocratie, la noblesse, l'é-
» glise, la campagne, la ville, l'homme des professions
» intellectuelles, l'homme des professions manuelles,
» l'agriculteur, l'écrivain, l'artiste, l'ouvrier, le
» noble, le soldat, le prêtre, le prolétaire, seront re-
» présentés comme tout le monde. Ce sera la nation
» entière qui fera invasion dans l'élection et dans le
» gouvernement ; notre monopole d'influence est à
» bas ! Dépopularisons donc l'élection à deux degrés ;
» elle est notre déchéance, car elle est l'intronisation
» du peuple ! »

Ainsi ils ont dit en eux-mêmes, et ainsi ils ont fait.

§ IV.

Et le peuple s'y est laissé prendre pendant trente-deux ans! et il y est encore un peu pris; et on voudrait l'y reprendre encore davantage.

Qu'il réfléchisse bien, et il verra que s'il veut conserver la démocratie, il faut qu'il organise le suffrage universel; car un suffrage universel de hasard, de confusion, de turbulence et de clubs, ne durerait pas deux ans: il tomberait de lui-même devant ses propres scandales. L'anarchie d'un droit n'est pas le droit, c'est sa dépravation. L'anarchie de la souveraineté du peuple non organisée porte en elle-même son remède, remède terrible mais inévitable : le despotisme!

CHAPITRE XII.

EN QUOI ET COMMENT LE PEUPLE EST-IL DÉPOSSÉDÉ PAR L'ÉLECTION A DEUX DEGRÉS.

§ Ier.

La souveraineté du peuple consiste dans le principe qui fait sortir le gouvernement de la volonté exprimée de chaque citoyen, et non du mode matériel dans lequel chaque citoyen exprime cette volonté.

Que le scrutin soit une urne ou soit un carton;

Que votre vote soit une boule ou soit un papier;

Que vous jetiez cette boule ou ce papier dans l'urne à votre porte ou au chef-lieu de canton;

Que vous les jetiez vous-mêmes dans cette urne, ou que vous les fassiez jeter par un mandataire, par un voisin, par un ami, par un parent en qui vous avez confiance.

Qu'y a-t-il de changé dans votre souveraineté, dans votre volonté? Rien! absolument rien, si ce n'est la façon matérielle dont vous l'exprimez.

Vous êtes un souverain qui fait tout par lui-même (chose impossible), ou vous êtes un souverain qui se nomme des ministres pour exécuter ses volontés.

Les électeurs du second degré que vous désignez sont vos ministres, nommés et révoqués par vous, voilà tout! en êtes-vous moins rois?

CHAPITRE XIII.

§ Ier.

Je dis que non-seulement vous n'en êtes pas moins rois; mais que vous êtes mille fois mieux rois que dans le système de l'élection directe par masse confuse, inintelligente et à tâtons.

Vous êtes mieux rois, car vous savez ce que vous faites!

Vous êtes mieux rois, car vous y voyez plus clair par les yeux de ceux à qui vous donnez procuration d'y voir pour vous, que par vos propres yeux.

Vous êtes mieux rois, car vous êtes servis comme vous voulez l'être, et vous êtes mieux servis.

Vous êtes mieux rois, car vous êtes servis sans vous déranger de vos pensées, de vos travaux, de vos résidences, de vos occupations habituelles!

Vous êtes mieux rois, car vous ne faites pas tout, et par conséquent tout de travers, mais vous créez des fonctions distinctes qui exigent des aptitudes, des connaissances, des moralités spéciales, et vous en chargez des fonctionnaires spéciaux, d'opinions révocables par vous, responsables devant vous, que vous appelez les électeurs du second degré!

Voilà un droit organisé!

Voilà une démocratie viable!

Voilà une société constituée!

Voilà une République!

Le reste est imparfait et confus. Il faut regarder cette imperfection d'abord, il faut la débrouiller peu à peu, il faut en sortir après.

CHAPITRE XIV.

§ Ier.

Pourquoi, me direz-vous, ne pas en sortir à l'instant même? et pourquoi ne proposez-vous pas demain à l'Assemblée nationale de rédiger la loi électorale hiérarchique et à deux degrés?

Je vais vous le dire.

Vous voyez ma pensée, je la porte depuis vingt ans dans mon intelligence et sur mes lèvres. Elle n'est pas douteuse. Je répète aujourd'hui ce que j'ai dit, et c'est en 1829 et en 1830 : le peuple ne sera souverain, la démocratie ne sera organisée, la société du droit commun ne sera fondée que quand l'élection à plusieurs degrés sera instituée et exercée.

Mais je ne suis pas ici un philosophe, je suis un

homme politique. Je tiens compte des préjugés de mon pays. Je tiens compte du temps, surtout dans les affaires où l'habitude est une condition de succès. Le temps est l'élément de Dieu dans les choses humaines. On ne peut pas marcher sans lui. Il faut donc l'attendre quand il n'est pas arrivé encore. Le temps d'organiser définitivement et pour toujours l'élection à deux degrés dans la République n'est pas venu. Le préjugé du peuple contre ce mode d'exprimer sa souveraineté n'est pas mort. Le peuple croirait qu'on le trompe, qu'on le surprend, qu'on lui confisque la plus riche dépouille qu'il ait conquise sur le despotisme, sur la royauté, sur l'aristocratie. Il se désaffectionnerait de la République, il crierait à la déception, il s'agiterait pour cette ombre, et en s'agitant, il soulèverait de son sein ce qu'il y a de remuant au fond de tout élément populaire agité. Non-seulement l'organisation successive et régulière du suffrage universel y périrait ; mais le principe même du suffrage universel pourrait y périr. Il ne faut pas tenter prématurément et témérairement ces agitations. Il ne faut jamais rien arracher au peuple, il faut qu'il donne de lui-même.

Dans cinq ou six ans, à une seconde délibération de la Constitution et de la loi électorale, un cri unanime demandera peut-être l'élection à deux degrés. Les vices du système confus et tumultueux actuel auront convaincu l'opinion elle-même.

Faut-il attendre jusque-là, cependant, pour corriger ce mode confus et tumultueux ? — Non.

CHAPITRE XV.

DE LA PREMIÈRE AMÉLIORATION A APPORTER AU SUFFRAGE UNIVERSEL, ET D'ABORD A LA SUPPRESSION DU SCRUTIN DE LISTE.

§ Iᵉʳ.

C'est l'âme qui est représentée, ce n'est pas la cote de contribution. Le premier gouvernement de la République, obligé de statuer d'urgence pour la première fois, en attendant l'Assemblée constituante, fit un decret provisoire. Le décret se rédigeait tout seul; nous ne fîmes que l'écrire. Le voici :

« 1° La France est divisée électoralement en au-
» tant de colléges électoraux qu'il y a de fois qua-
» rante-cinq mille âmes dans la population générale
» de la République ;

» 2° Chacune de ces circonscriptions électorales
» de quarante-cinq mille âmes nomme un représen-
» tant. »

Le décret fut adopté, inséré au procès-verbal. L'Observatoire fut chargé des calculs et des circonscriptions numériques et géographiques nécessaires pour être annexées en tableaux au décret. En quarante-huit heures, les tableaux furent dressés ; il ne manquait au décret que sa promulgation. Nul ne s'y opposait. Le consentement avait été unanime. Toutes les nuances d'opinion s'étaient rencontrées dans ce bon sens et dans cette justice du décret.

Je ne sais quel revirement subit et irréfléchi d'opinion s'opéra pendant ces quarante-huit heures dans l'esprit de quelques-uns des hommes appelés à délibérer sur ce décret. Ce ne fut point une lutte entre des opinions politiques dissidentes ; les hommes les plus distants de principes et de vues dans le gouvernement s'étaient loyalement rencontrés sur ce point. Ce fut simplement une vieille prédilection, soi-disant ingénieuse, tenace et obstinée de système, chez certains hommes ; une monomanie d'invention, ou une servilité d'imitation de je ne sais quelle théorie de l'opposition en Angleterre.

Quoi qu'il en soit, cette faute, soutenue avec esprit et opiniâtreté, suspendit la promulgation du décret et renouvela la délibération. La majorité, séduite par des sophismes spécieux, revint sur ses résolutions ou y attacha peu d'importance. On lutta deux jours contre le mode funeste du scrutin de liste. On aurait pu lutter plus longtemps; on aurait pu même entraver le décret, se retirer du gouvernement, refuser son concours, remettre la sécurité intérieure, la paix extérieure, la convocation de l'Assemblée constituante en problème, en disputant intempestivement sur ce mode. On n'eut pas même cette coupable et lâche pensée. On fit ce simple raisonnement : Nous sommes à quinze jours de la convocation de l'Assemblée nationale, obtenue enfin par nos efforts contre les factions extérieures qui veulent perpétuer la dictature et ajourner la représentation souveraine du pays. La France est dans l'angoisse ; Paris est sur un volcan ; les clubs fermentent et pervertissent l'opinion ; les factions conspirent contre la représentation qui va les déposséder ; les meneurs ambitieux et les démagogues ne demandent qu'un prétexte pour proclamer l'ajournement à un an ou indéfini des élections ; leur offrir ce prétexte, c'est perdre la République et la patrie. Les partis trouveront ce prétexte dans un second retard décrété par le gouvernement et dans notre division sur le mode de recueillir les suffrages. Ne leur donnons pas ce triomphe, qui serait le triomphe certain de l'anarchie ; votons au plus vite le décret de convocation, et soyons coulant sur tout le reste. C'était le conseil du bon sens : ce fut le nôtre.

Je discutai, je protestai, je déclarai que le scrutin de liste était à mes yeux l'élection des ténèbres, le bandeau sur les yeux du peuple, le triomphe assuré des cabales sur le mérite et sur les probités ; que la France ne subirait pas longtemps ce mode d'élection ; que l'Assemblée constituante le corrigerait infailliblement ; que je le réprouvais de toutes mes convictions ; mais que voulant avant tout la convocation immédiate de l'Assemblée nationale et la cession prompte de la dictature, je me croirais coupable en divisant le gouvernement pour une question de forme ; que je consentais, sans l'approuver, à la promulgation du décret, bien résolu à en appeler à l'Assemblée constituante d'un mode de scrutin qui ne pouvait pas être définitif.

Vous voyez donc qu'en réprouvant aujourd'hui le scrutin de liste, je ne dis que ce que j'ai dit, je ne fais que ce que j'ai fait.

§ II.

Cela expliqué, passons au scrutin de liste en lui-même.

Vous avez expérimenté ses vices ; il n'y a rien de plus à dire à cet égard que ce que l'expérience vous a dit : en moins de deux ans il a dégoûté le pays de l'élection.

Au mois de mai dernier, il a failli le perdre en le donnant à la démagogie dont il a horreur.

Dans deux ans, il risquera de le perdre encore, en donnant le pays à la réaction contre-républicaine, dont il a peur.

Il ne donnera jamais qu'un éternel mensonge de représentation nationale, car ce mode de scrutin est lui-même le hasard et le mensonge organisé.

Il est la guerre civile organisée dans l'urne.

Quel est le vice principal et la cause de tous les vices du suffrage universel, tel qu'il est pratiqué en ce moment ?

Il n'y a qu'une voix pour répondre : C'est le scrutin de liste.

En quoi consiste le scrutin de liste ? Je vais vous l'expliquer.

§ III.

On dit à une immense collection d'hommes qu'on appelle un département, collection d'hommes séparés par des fleuves et par des montagnes, qui ne se connaissent pas les uns les autres, qui ont des mœurs, des langages, des religions, des industries,

des cultures, des métiers différents, on leur dit :
« Inscrivez tout à la fois sur une même feuille de pa-
» pier dix, douze, quinze, vingt, et, comme à Paris,
» jusqu'à quarante noms de représentants, noms
» qui vous sont, pour la plupart, aussi parfaitement
» inconnus que s'ils étaient des citoyens de Phila-
» delphie ou des habitants de Canton, et jetez ce pa-
» pier dans l'urne : il en sortira la représentation de
» votre intelligence ! il en sortira la représentation
» de votre département, de votre moralité, de votre
» conscience, de votre volonté réfléchie et person-
» nelle !! »

— « Dites donc, répond le peuple sensé, qu'il en
» sortira le hasard, le mensonge électoral, la décep-
» tion, la cabale, l'intrigue, le scandale souvent !
» Mais mon intelligence, ma préférence, mon choix
» éclairé et réfléchi, ma conscience, ma volonté per-
» sonnelle ?... Comment voulez-vous que tout cela en
» sorte, puisque je ne l'y ai pas mis ? J'ai voté à tâ-
» tons, et vous voulez que mon suffrage ne soit pas
» aveugle ?.. Allez, vous vous moquez du peuple ! Une
» loterie de noms tirés de l'urne par un enfant vau-
» drait mieux, car l'enfant est innocent et impartial,
» et l'intrigue qui unit la main du peuple est perverse
» et corrompue ! »

Voilà ce que répond avec raison le peuple aux es-
camoteurs du suffrage universel qui lui ont soufflé le
scrutin de liste pour voter et pour régner sous son
nom !

LE CONSEILLER DU PEUPLE.

Deuxième Partie.

LE PASSÉ, LE PRÉSENT, L'AVENIR

DE LA

RÉPUBLIQUE.

LIVRE IV.

(Suite.)

CHAPITRE XVI.

DE LA PREMIÈRE AMÉLIORATION A APPORTER AU SUFFRAGE UNIVERSEL

ET D'ABORD

A LA SUPPRESSION DU SCRUTIN DE LISTE.

§ Ier.

Quel est le but que doit se proposer le législateur dans l'organisation du mode de suffrage universel ?

C'est d'interroger la conscience du pays.

Quel est le moyen d'interroger sincèrement la conscience du pays?

C'est de lui poser les questions que le pays puisse comprendre, juger, résoudre.

De quelle manière le scrutin de liste pose-t-il les questions devant le pays?

Il les pose de telle façon qu'il est radicalement impossible au pays de les comprendre, de les juger et de les résoudre.

Allons aux preuves.

Quelle est la question que l'élection par scrutin de liste pose au pays?

C'est la question de savoir par qui, de celui-ci ou de celui-là, il croit devoir être et il veut être représenté.

Comment le pays peut-il savoir par qui, de celui-ci ou de celui-là, il peut être représenté?

C'est en étudiant l'intelligence, la moralité, la probité, le désintéressement, la considération, les antécédents, la vie, les mœurs, les opinions de son candidat; c'est en faisant pour ainsi dire l'enquête personnelle de celui qui se présente à son choix; c'est en le comparant à ceux qu'on lui oppose; c'est en le connaissant, en l'interrogeant, non dans ces interrogations de parade qu'on appelle une réunion électorale ou un club, mais dans sa vie entière; c'est en s'assurant, en un mot, qu'on ne sera trompé ni dans sa confiance ni dans ses opinions.

Or, comment le scrutin donne-t-il au pays le moyen de faire cette enquête sur la personne et sur les opinions des candidats?

Vous le savez, en éteignant toutes les lumières, en éloignant tous les objets, en écartant tous les renseignements, en supprimant toutes les responsabilités, en brisant tous les rapports naturels entre les électeurs et les candidats, en un mot, en créant systématiquement les ténèbres, la confusion, la mêlée de noms, l'ignorance des hommes, la brigue, la cabale, l'escamotage le plus complet de confiance qu'on ait jamais combiné pour duper un peuple.

§ II.

Et en effet, toutes les conditions d'une bonne élection n'y sont-elles pas trompées ? prononcez vous-mêmes !

La première condition d'une élection, c'est la lumière. On vote à tâtons.

La seconde condition d'une élection, c'est la liberté. On vote par force vingt noms inconnus ou odieux, pour avoir celui qu'on préfère. On est enchaîné, on est serf d'un club rouge ou blanc, on abdique son indépendance.

La troisième condition, c'est la vérité de l'élection. On ne sait pas ce qu'on vote; si on vote bien, c'est par hasard. Vingt fois sur dix on vote ainsi pour un homme qui représente les opinions les plus opposées aux nôtres. On veut dire oui, et le scrutin dit non. On veut dire non, et il dit oui.

La quatrième condition de l'élection, c'est d'être sincère. On risque de mentir sans le vouloir à chaque nom inconnu qu'on écrit. On vote sur la foi d'autrui, jamais sur la sienne. Que devient la sincérité ?

La cinquième condition de l'élection et la principale, c'est d'être honnête et consciencieuse. Vous jurez à vous-même de nommer le plus probe et le plus capable, et vous nommez qui? Peut-être le plus ignare et le plus intrigant.

La sixième condition de l'élection, c'est l'indépendance. Dans le scrutin de liste, vous obéissez forcément à une coterie, à un club, à une faction; votre jugement isolé et personnel n'y est pour rien. Vous êtes la main tenue par une main plus forte que vous qui écrit, non pas votre volonté, mais la volonté d'une cabale !

Si nous énumérions les cent ou les mille conditions d'une bonne élection, vous verriez ainsi de suite qu'il n'y en a pas une sur mille qui ne soit anéantie, déçue, trompée, bafouée par le scrutin de liste.

Celui qui a jeté ce germe de confusion, de déception, d'immoralité et de mort dans ce seul article de la loi électorale et de la Constitution, a détruit, par ce seul mot, toute la vertu de la République, toute la possibilité de vie pour la démocratie. Savez-vous qui a inventé ce piége où l'on prendrait vingt peuples libres ? Ce n'est pas la méchanceté, c'est l'esprit de système.

C'est une réunion de sept à huit journalistes nomades d'opinion, déracinés de leurs villes, de leurs villages, noyés dans une capitale, leur seul élément.

Ces journalistes, la veille des élections, tremblant d'être oubliés par des quartiers de Paris ou par des départements auxquels ils avaient à demander une adoption hasardeuse, se sont dit, sans y réfléchir : enlevons l'élection au peuple! donnons-la aux clubs! imaginons le scrutin de liste! la représentation ne sera plus au plus digne, mais au plus remuant!

Et c'est ainsi qu'il a été fait.

Et deux ans n'étaient pas encore écoulés, que ces mêmes publicistes imprévoyants, punis de leur erreur et victimes de leur propre combinaison, voyaient la toute-puissance de la *brigue* qu'ils avaient créée, s'élever au-dessus d'eux et les proscrire du scrutin de liste par des noms qui n'avaient jamais été prononcés. Sont-ils convaincus maintenant qu'il ne faut jamais fausser un principe pour une circonstance, ni sacrifier une vérité fondamentale à l'intérêt de quelques noms ?

CHAPITRE XVII.

TOUTE-PUISSANCE DE LA MINORITÉ PAR LE SCRUTIN DE LISTE.

§ Ier.

De toutes les conditions d'une bonne élection que nous avons énumérées plus haut, la dernière et la plus nécessaire sans doute, c'est de faire prévaloir la majorité du pays sur la minorité, sur les partis, sur les coteries, sur les factions.

Le scrutin de liste assure presque infailliblement,

ou du moins souvent, le résultat contraire. Vous allez voir comment.

§ II.

Voilà un département agricole, peuplé en immense majorité de cultivateurs, de petits propriétaires, de métayers, de commerçants, d'industriels intéressés à l'ordre intérieur, à la paix extérieure, à la solidité de la propriété, à la prospérité des transactions, au travail, à l'échange, à la circulation, à la consommation, au jeu régulier des institutions, à a force légale du gouvernement. Ce département compte cent ou deux cent mille électeurs. Sur ces deux cent mille électeurs, il n'y en a pas mille qui ne fissent choix d'un républicain raisonnable, patriote éclairé, modéré, pacifique, si on leur posait la question sur un nom connu dans leur canton ou dans leur arrondissement.

Mais le scrutin de liste est là. Il ne s'agit plus pour chacun de ces électeurs, isolés ou disséminés, de dire : Je veux tel candidat que je connais et qui a ma confiance dans mon canton.

Il s'agit de dresser pour le département tout entier, pour six ou sept cent mille âmes éparses sur un sol immense, une liste de vingt ou trente noms liés ensemble sur une même feuille de papier par un lien de solidarité et d'analogie d'opinions présumées, qui les fasse adopter par d'autres zônes éloignées de ce département, et qui les fasse prévaloir sur une liste de vingt noms aussi toute contraire.

A l'instant, les électeurs isolés et disséminés, c'est-à-dire l'immense majorité de ces deux cent mille électeurs, sont forcés, par la force des choses, de se déclarer incompétents, de se taire, de se résigner et de rentrer dans l'inaction ou dans l'impuissance.

Chacun d'eux se dit : Je connais bien, dans ma ville, dans mon canton, dans mon village, l'homme honnête, sûr, éclairé, moral, désintéressé, par qui je voudrais être représenté ; mais je ne connais pas cet homme pour le canton voisin, pour le village, pour la ville éloignée de moi ; je risquerais de me tromper, de porter des noms au hasard, qui répugneraient à ces électeurs lointains, ou qui me représenteraient en opposition avec mes propres désirs. Je ne puis rien ; abstenons-nous ! ou soumettons-nous à signer de confiance une des listes que des hommes de la ville de Paris peut-être, ou des clubs, viendront m'apporter toutes faites. Renonçons à mon candidat, prenons des mains du hasard un candidat inconnu, ou mieux encore n'en prenons point du tout et laissons faire ; car voter pour l'inconnu, autant vaut ne pas voter. Je ne puis pas faire ce que je voudrais, je crains de mal faire, ne faisons rien !

Voilà le raisonnement naturel et désespéré des neuf dixièmes de ces électeurs ainsi dépaysés par la machiavélique invention du scrutin de liste. La masse se ferme les yeux ou se lie les mains.

Je vous l'avais dit.

CHAPITRE XVIII.

Or, pendant que cela se passe dans la masse, qu'est-ce qui se passe dans la minorité? Vous allez voir aussi.

Une douzaine de meneurs, publicistes, journalistes, clubistes, se réunissent dans l'arrière-cabinet d'un restaurateur ou d'un bureau de journal à Paris; ils déploient une carte des départements et une liste de candidats sans emploi sur la table, et ils distribuent entre deux quolibets ses rôles à la France.

Toi, disent-ils à tel département en l'apostrophant par son nom, tu es un département pauvre en bon sens; tu prendras un tel pour une capacité; nous te l'adjugeons; prends et nomme!

Toi, tu es un département éternellement servile; nous allons te faire la grosse voix et t'imposer ce nom qui te fera peur!

Toi, tu es un département vaniteux; nous allons te flatter par une célébrité de Paris; tu ne refuseras pas ta gloire!

Toi, tu as des intérêts d'industrie; voilà un mécanicien.

Toi, tu as une population prolétaire; voilà un harangueur de clubs!

Toi, tu as le génie militaire; voilà un sergent!

Toi, tu es un pays d'Allemands rêveurs; voilà un utopiste!

Toi, tu es une race béotienne; voilà un idiot!

Et ainsi de suite !

Le courrier part et emporte au comité directeur, mais obéissant, de tous les départements, les listes impératives avec quelques noms en blanc seulement, réservés pour les ambitions locales.

Et voilà la manne distribuée.

Et les clubs se rassemblent au chef-lieu de chaque département; ils ratifient et modifient légèrement les listes; leurs émissaires les portent aux arrondissements, les arrondissements aux communes, les communes aux individus.

Les départements, les arrondissements, les communes, les individus, s'étonnent bien un peu à première lecture de ces noms tombés du ciel, et qu'on leur affirme être les noms de leur cœur et de leur vénération; les vanités, les ambitions locales s'aigrissent bien un peu secrètement; on échange d'amères confidences sur l'insolence et l'exigence du comité de Paris ou du comité central de département; un murmure sourd s'élève dans la ville et dans la campagne; mais les habiles le font taire d'un geste. « C'est à prendre ou à laisser; tout ou rien; un » nom déplacé déplace le monde; c'est l'intérêt du » parti; c'est le mot d'ordre de la discipline ; c'est » l'arrêt occulte du destin. Celui qui raisonne est un » traître; il faut anéantir son bon sens, ses affections, » ses estimes, ses reconnaissances de toute une vie » pour un citoyen connu, estimé, aimé de toute la » contrée, votre ami, votre parent, votre voisin ! Il

» n'est pas sur la liste, il n'y faut plus penser, il faut
» obéir ! »

Et on obéit !

Et les inventeurs du scrutin de liste appellent cela indépendance !...

Et ils appellent cela un choix !...

Et ils appellent cela de la lumière !...

Et ils appellent cela de la sincérité !...

Et ils appellent cela de la vérité !...

Et ils appellent cela de la conscience dans l'élection !...

Donnez-lui son vrai nom : Intrigue !...

CHAPITRE XIX.

SUITE DU MÊME SUJET.

Or, pendant que cela se passe à gauche et qu'on dresse je ne sais où la liste gauche, la même chose se passe à droite je ne sais où, et d'autres meneurs dressent tout aussi arbitrairement la liste droite; ils la contre-signent ou la répandent anonyme de la main du comité de la *rue de Poitiers* dans la main de l'ancien pair de France, de la main de l'ancien pair de France dans la main de l'ancien préfet destitué par la République, de la main de l'ancien préfet dans la main de ses anciens amis, de la main de ses anciens amis dans la main de l'évêque, de la main de l'évêque dans celle du clergé, de celle du clergé dans celle du paroissien, du cultivateur, du domestique, de l'ouvrier, du mendiant. Voilà les deux listes également imposées, également sans rature possible, également mystérieuses pour les malheureux citoyens-serfs qui les nomment. Les voilà face à face !

Que faire? se disent ces masses de citoyens à qui on a enlevé par le scrutin de liste toute possibilité de volonté propre, de choix individuel, de préférence personnelle.

Il faut bien se décider; on se décide sans savoir pourquoi, ni pour qui; on prend une liste, on en prend deux, on la lit, on la relit, pour tâcher de découvrir, de déchiffrer quelque éclair de vérité, quelque révélation d'opinion dans ces caractères hiéroglyphiques; impossible.

On met les deux listes à la fois dans sa poche; on interroge celui-ci et celui-là; on adopte celle-ci au cabaret; on adopte celle-là à l'église; on revient à la première à la foire du canton; on retourne à la seconde au prône de sa paroisse; le fils est pour celle-ci, la femme est pour celle-là; on ne sait à qui entendre; on promet aux deux; on part avec la ferme résolution de voter la blanche, on est rencontré en route par des donneurs d'avis qui vous jurent que tout est perdu si vous votez avec le propriétaire, que tout est anéanti si vous votez avec le prolétaire; on roule ses deux listes entre ses doigts dans sa poche en marchant vers l'urne, et l'on finit par s'en rapporter au hasard.

Le hasard pour gouvernement, quand ce n'est pas l'intrigue, voilà le résultat infaillible du suffrage universel par scrutin de liste! Parmi les aberrations humaines, ce gouvernement à croix ou pile restait à inventer.

Les inventeurs du scrutin de liste ont eu cette gloire; la leur laisserons-nous, et consentirons-nous à nous perdre et à perdre à la fois la patrie, le sens commun et la société pour l'honneur de leur invention?

CHAPITRE XX.

DU VRAI SYSTÈME TEMPORAIRE D'ÉLECTION A EXPÉRIMENTER.

Je vous ai dit que le vrai système définitif à organiser pour le suffrage universel était l'élection à deux degrés.

Je vous ai dit que la seule chose qui devait faire ajourner l'application de ce système de vérité et d'ordre dans l'élection était le préjugé invétéré du peuple fomenté par l'étroit et faux *démocratisme* des anciens gouvernements.

Je vous ai dit qu'avant de proposer l'élection à deux degrés, il fallait laisser mourir et sécher ce vieux préjugé irréfléchi du peuple.

Je vous ai dit qu'en attendant et temporairement il fallait, sous peine de mort politique, adopter un système d'élection direct, mais du moins sincère, éclairé, naturel, raisonnable.

Je vais vous dire quel est ce système, et vous monrer combien il est supérieur en vérité, en sincérité, en moralité, en conscience, en lumière et en vraie démocratie, surtout au scrutin de liste.

CHAPITRE XXI.

DU VOTE PAR CIRCONSCRIPTION DE POPULATION.

Voici ce système, qui fut deux jours celui du gouvernement provisoire, système qui n'a pas cessé d'être le mien.

Le gouvernement fait diviser la France en sept cent cinquante parties égales, non en territoire, mais en population.

Chacune de ces divisions électorales contient quarante-cinq ou cinquante mille âmes.

Chacun de ces groupes de cinquante mille âmes nomme un représentant par le suffrage universel et direct.

Voilà toute la loi.

Cela est simple comme toute vérité, car Dieu a donné la clarté pour signe de tout ce qui est vrai. Toutes les fois qu'une loi n'est pas simple, elle n'est pas claire; toutes les fois qu'elle n'est pas claire, défiez-vous-en. Un mensonge se cache toujours dans un peu d'obscurité.

Maintenant étudiez le mécanisme aussi simple et aussi intelligible de ce mode d'exercer le suffrage universel. Tous les inconvénients, toutes les erreurs, toutes les ténèbres, tous les mensonges, toutes les comédies, toutes les *roueries*, toutes les cabales, tous les dangers, toutes les hontes du suffrage universel par scrutin de liste disparaissent à l'instant.

Prouvons :

CHAPITRE XXII.

§ Ier.

De cinquante mille âmes, défalquez les femmes, restent trente mille âmes.

Défalquez les enfants, les vieillards, les infirmes, les absents, les mineurs, les incapables, les indolents, les indignes, restent quinze mille électeurs exerçant activement leur droit de suffrage.

La masse s'éclaircit déjà ; la confusion, inconvénient de la masse, disparaît.

De ces quinze mille électeurs participant réellement de leur personne au vote, mille tout au plus, prennent une part active et assidue aux opérations qui précèdent le scrutin, comités, réunions préparatoires, conférences entre le candidat et les électeurs Ces rapports directs et personnels entre les candidats et les électeurs redeviennent possibles, sans rassembler dans un local démesuré des masses d'hommes qui ne peuvent entendre la voix de celui qui leur parle, et qui deviennent, par leur rassemblement même, un trouble, un danger pour la paix publique.

L'attroupement, cette nécessité fatale du scrutin de liste où deux cent mille hommes sont convoqués à la fois pour délibérer sur leurs candidats, est supprimé de fait.

Le club tumultueux et à proportion séditieuse n'a plus de raison d'être ni de prétexte d'exister.

L'imagination publique dont le club est le cauchemar se rassure, la discussion prend la place de la vocifération.

Le droit de réunion électorale, nécessaire à l'exercice du suffrage universel pour se concerter pacifiquement, redevient le droit commun.

L'élection ne fait plus trembler le sol d'un département.

C'est beaucoup, car un pays ne fonde pas sur des tremblements de terre. Ce n'est pas tout.

§ II.

Toutes les fois que le représentant d'un département, qui a dix, douze, vingt représentants, se déplace, est promu à une fonction, devient infirme, abdique ou meurt, dans le système actuel du scrutin de liste, vous appelez deux cent ou trois cent mille citoyens épars, distants, disséminés à trente lieues de rayon, pour nommer quoi? un seul député à la place du député démissionnaire. Vous sonnez le tocsin électoral des candidatures, des réunions, des brigues, des clubs, d'un bout du pays à l'autre ; vous bouleversez moralement et physiquement une population entière! Vous créez une tempête pour puiser une goutte d'eau dans le creux d'une main!

C'est insensé, c'est révolutionnaire, c'est malsain, c'est la fièvre donnée coup sur coup à toute une région de la République.

Qu'arrive-t-il ? De deux choses l'une. Si le pays que vous troublez ainsi pour un seul nom à remplacer sur une liste, est un pays industriel, prolétaire, à population nomade, urbaine, agglomérée, ce pays bout, fermente, s'attroupe, pérore, vit un mois dans une perpétuelle agitation.

Si le pays auquel vous vous adressez est un pays agricole, calme, rural, à population rare et disséminée, il est arrêté par ses occupations, ses distances, ses routes, son indifférence; il ne vient pas, il ne répond pas, il laisse comme vous le voyez l'élection à sept ou huit meneurs de chef-lieu qui conduisent leur petit groupe d'électeurs rapprochés et remuants au scrutin, comme les chefs de brigues théâtrales conduisent et disciplinent leurs bandes de *claqueurs habitués du lustre* dans nos théâtres de Paris.

Dans le système de vote par zône, par division électorale, rien de tout cela. Quand un député manque, se retire ou meurt, on ne rassemble que la division dont il est le représentant; le reste du pays travaille ou vit en paix; rien ne s'agite, si ce n'est dans le petit cercle de mouvement auquel aboutit le représentant. La France ressemble à ces vaisseaux construits à compartiments séparés qui ne sont pas submergés en entier parce qu'une membrure manque à la calle, et qui ne ferment qu'une voie d'eau là où la nécessité commande au pilote de porter la main.

CHAPITRE XXIII.

AUTRES AVANTAGES DU SYSTÈME PAR DIVISIONS ÉLECTORALES.

§ Ier.

Dans ce système, on ne peut pas tromper le peuple.

L'espace de territoire où se groupe une population de cinquante mille âmes, et dans lequel quinze mille électeurs seulement ont à se concerter pour faire un bon choix, n'est pas très-étendu, n'est pas disproportionné à la portée de vue, de relations, de connaissance personnelle de ces quinze mille électeurs.

Si cet espace est dans une ville, c'est un quartier. On s'y connaît aisément, on en connaît du moins les individus notables.

Si cet espace est dans la campagne, c'est, dans certains pays, moins de la moitié d'un arrondissement; on s'y connaît de plus loin que dans les villes; la notoriété qui cesse de quartier à quartier, et souvent d'étage à étage dans les villes, s'étend de village à village, de canton à canton dans les champs ; à deux et quatre myriamètres on est encore voisin. Les réputations volent de clocher à clocher, les considérations locales y sont larges et permanentes; il est impossible de dire à quinze mille électeurs, cultivateurs, paysans, ouvriers, propriétaires, dans un cercle de cinquante mille âmes : voilà un homme pervers qui est un grand citoyen! Voilà un usurier qui est un homme désintéressé! Voilà un ignorant qui est un homme de mérite! Voilà un perturbateur qui est un homme de bien! On rirait au visage du courtier d'élection qui tenterait de pareilles bévues ou de pareilles duperies; on lui répondrait : nous le connaissons mieux que vous, laissez-nous choisir nous-mêmes; il y a vingt ans, trente ans, cinquante ans que nous vivons dans le pays, les réputations nous y sont aussi familières que les arbres ou les grands chemins.

§ II.

Ce n'est donc nullement sur les caractères, sur les situations, sur les vices ou sur les vertus de ses candidats que le peuple aurait à s'interroger; ce n'est que sur les opinions..

Eh bien! là encore le système des divisions électorales répond complètement à ce besoin pour le peuple de connaître les vraies opinions de son représentant; le rapprochement est facile, quotidien; on peut s'aborder, s'interroger, se voir, s'entendre, conférer directement, publiquement, confidentiellement, comme on veut, entre électeurs et candidats; on peut se poser les questions du moment, on peut arriver presque, non pas au mandat *impératif*, mais au mandat *spécial* sur chaque intérêt vital du peuple, du pays, du gouvernement.

Et qu'on ne dise pas que les réponses des candidats peuvent tromper le peuple dans ce système, et lui promettre ce qu'on ne tiendra pas. Ce mensonge du candidat à l'électeur n'est possible que dans le système actuel, entre ces candidats nomades étrangers au pays et ces masses confuses de deux cent mille électeurs à qui l'on jette une bouffée de promesses du haut d'un tréteau, ou une bouffée de papiers du fond d'un bureau à journal, et à qui on n'aura aucun compte à rendre après.

Mais un candidat résidant dans le pays même, ou allié au pays même par ses relations, par sa renommée, par ses répondants domiciliés dans la circonscription électorale à laquelle il s'adresse, ne peut pas impunément se jouer du peuple, de sa propre renommée d'honnête homme, de son avenir de considération parmi ses concitoyens. Il est responsable, il a un cautionnement moral : ce sont ses antécédents, ce sont ses relations de voisinage, c'est sa cohabitation sur le sol avec ceux qui le connaissent, qui le choisissent, qui le retrouveront toute sa vie, qui lui demanderont compte face à face, à lui, à ses patrons, à ses répondants, à sa famille, à ses enfants, de sa fidélité aux paroles qu'il a données ou de son infamie.

Voilà la responsabilité devant les électeurs toute trouvée et toute constituée par la nature.

Ajoutons : voilà la justice du peuple et la récompense d'une bonne vie politique.

§ III.

Cette justice du peuple, cette récompense d'une bonne vie publique sont entièrement trompées dans l'élection par scrutin de liste, où le candidat imposé d'en haut tombe d'un club irresponsable dans une population étrangère à sa vie. Le plus honnête homme du canton, de l'arrondissement, du département, est dans ce système comme s'il n'était pas. Un inconnu vient lui enlever tout le fruit d'une longue existence estimée, d'une longue résidence avérée parmi le peuple de son pays. A quoi bon tout cela? Que sert à un excellent citoyen d'avoir vécu tout une vie de dévouement et d'honneur parmi les siens? D'avoir rendu depuis sa jeunesse tous les services modestes et d'autant plus méritoires à ses compatriotes? D'avoir été tour à tour adjoint, maire de sa commune, puis membre du conseil d'arrondissement, puis membre du conseil de département, puis administrateur des hospices, économe des biens des pauvres, prodigue de son propre bien aux malheureux? Puis délégué de son pays au nom de tous les intérêts agricoles ou industriels de la contrée? Puis de s'être exercé laborieusement à l'étude, à la discussion, à l'éloquence des affaires, pour devenir capable et digne de servir de plus haut les intérêts généraux de la nation? Tout cela est oublié, tout cela est inutile, tout cela est perdu en un jour dans votre système actuel? A quoi bon vingt ou trente années de labeur, de mérite, de noviciat devant vos concitoyens? Il n'y a pas besoin de tant de peine. Il suffit d'aller à Paris s'affilier à une réunion directrice des listes, et de revenir dans un département quelconque avec un brevet de capacité universelle et d'illustration occulte contresigné par un club.

N'y a-t-il pas là de quoi dégoûter d'être honnête homme et même homme de mérite, si l'on était honnête homme et homme de mérite par intérêt ? Mais, n'y a-t-il pas là, du moins, de quoi détruire tout principe d'honnête émulation dans la carrière des hommes publics des départements ? N'y a-t-il pas là surtout de quoi déshériter peu à peu le peuple de ses meilleurs serviteurs ?

CHAPITRE XXIV.

Enfin, le mérite suprême du mode d'élection par zône et par division, c'est de ne point fatiguer les électeurs, c'est de ne point leur demander plus qu'ils ne peuvent faire, c'est de ne pas les rejeter dans l'indifférence et dans la négligence de leur devoir, et par là de ne pas laisser tomber en désuétude leur souveraineté.

Dans un département qui compte quinze représentants, si ces quinze représentants se renouvellent en trois ans par démission, par promotion à des fonctions publiques, par mort ou autrement, il y aura à remuer dans le système actuel en trois ans, dans ce département à deux cent mille électeurs, trois millions de citoyens. Quelle perturbation s'ils s'y rendent, ou quel honteux abandon de leur droit s'ils ne s'y rendent pas.

Dans le système par zône de pays et par division de cinquante mille âmes, il n'y aura à remuer que trois fois quinze mille électeurs en trois ans. Quelle raison, quel prétexte le peuple, ainsi ménagé, ainsi réparti par le suffrage universel, aurait-il de ne pas accomplir son devoir ?

Le suffrage universel, fiction et fiction déjà mourante aujourd'hui par le vice de votre scrutin de liste, devient donc par le mien une réalité.

La République ne peut plus périr par la désertion du peuple.

Ainsi, suppression des masses et des attroupements dans l'exercice du suffrage universel.

Suppression des clubs électoraux à proportions numériques dangereuses pour la paix du pays.

Suppression de l'influence dominatrice des clubs directeurs de Paris ou des chefs-lieux.

Suppression de ces candidatures d'aventuriers politiques qui viennent, un ordre de ces clubs à la main, mendier, commander ou dérober les suffrages du peuple.

Suppression de ces irresponsabilités des députés, qui, une fois l'élection surprise, ne reparaissent plus devant le peuple qui les a envoyés.

Suppression de ces réputations de complaisance qui s'improvisent en huit jours de brigues, par la grâce d'un comité central ou d'un journal agitateur, et qui s'évanouissent après le tour électoral joué à la dérision du peuple.

Suppression de la toute-puissance de la cabale.

Rapprochement de l'électeur du candidat.

Rapports directs et de longue main entre le peuple et ses mandataires.

Entretien face à face entre eux.

Compte demandé et rendu des opinions avant l'élection, des votes après.

Vote direct, vote en plein jour, vote universel et vote régulier.

Enfin, présence facile et réelle de tous les citoyens actifs à l'élection, dans des élections dix ou douze fois moins fréquentes.

Par conséquent représentation vraie du peuple.

Voilà les principaux avantages de l'abolition du scrutin de liste et du suffrage universel par divisions électorales de cinquante mille âmes.

Voilà les garanties morales retrouvées dans l'acte du suffrage universel.

CHAPITRE XXV.

N'y a-t-il aucunes autres garanties à lui demander?

Je suis convaincu qu'il y en a quelques autres encore.

Je suis convaincu que la société républicaine a d'autant plus le droit de demander ces garanties morales au suffrage universel, qu'elle a renoncé sagement à lui demander des garanties matérielles, brutales, de fortune, de propriété, de cens électoral ou d'impôt.

La société républicaine ne doit pas être, comme les démagogues se le figurent, une société désarmée de gages et de prudences. Elle cherche ses gages et ses prudences dans les conditions morales, au lieu de les chercher dans des conditions matérielles. Elle est spiritualiste au lieu d'être matérialiste. Elle s'arme d'autres armes, voilà tout; mais elle ne s'abandonne pas plus au hasard que la société aristocratique ou monarchique.

Ainsi, la loi électorale a renoncé à exclure aucune classe de citoyens, riches ou pauvres, du droit personnel de concourir à la souveraineté et à la direction de la société, dont tout homme est membre. Mais elle a le droit et le devoir de demander à tout homme qui se présente pour exercer ce droit : Êtes-vous homme dans toute l'étendue et dans toute la dignité de ce mot?

Êtes-vous Français?

Êtes-vous citoyen?

Êtes-vous libre?

Avez-vous l'âge de raison politique?

Avez-vous l'instruction générale obligatoire à tout citoyen pour comprendre ses droits et ses devoirs?

Avez-vous une résidence fixe?

Êtes-vous fils ou père de famille?

Avez-vous une responsabilité *morale* quelconque et d'une certaine durée commune avec la partie du pays, avec le groupe du peuple dont vous allez exprimer la volonté et engager l'avenir?

Exercez-vous une profession infâme?

Êtes-vous nomade par dérèglement de vie?

Êtes-vous mendiant par oisiveté volontaire et habituelle?

Êtes-vous flétri par quelques condamnations légales qui donnent un mauvais préjugé au peuple sur vous?

Il est évident pour tout homme de sens que la société républicaine a le droit de poser et de résoudre toutes ces questions, avant d'admettre le citoyen à l'exercice du droit électoral, ce sacrement de la souveraineté nationale.

Le suffrage universel n'est pas le suffrage des premiers venus; c'est le suffrage du citoyen.

CHAPITRE XXVI.

L'âge de raison politique est sans contredit la première de ces garanties morales à examiner dans celui qui se présente pour exercer le droit de suffrage universel.

Je pencherais pour que, dans la révision de la loi électorale, cette garantie d'âge fût élevée à vingt-cinq ans.

La loi civile déclare l'homme privé majeur à vingt-un ans, mais la majorité politique n'est presque dans aucun pays à la même date que la majorité civile, et la majorité civile elle-même n'est pas complète avant vingt-cinq ans.

D'ailleurs, quelle immense différence n'y a-t-il pas

par la nature des fonctions entre la majorité civile et la majorité politique?

La loi civile vous déclare capable à vingt-un ans de régir vos biens personnels et de vous gouverner vous-même à vos risques et périls, sauf encore les tutelles, les aliénations, les mariages pour lesquels elle vous impose des conditions de prudence, de consentement de parents, de conseil de famille, de temporisations restrictives de votre droit de vous gouverner vous-même.

Si vous abusez à vingt-un ans de ce droit personnel dans le gouvernement de vous-même et dans la gestion de vos intérêts privés, sur qui retombe la responsabilité de vos ignorances, de vos passions en effervescence, de votre jeunesse, de vos prodigalités, de vos déportements? Sur vous-même et sur vous seul, ou tout au plus sur votre famille la plus rapprochée.

Mais dans la majorité politique que la loi actuelle fixe à vingt-un ans, et qu'elle ne restreint par aucune condition de tutelle ou de conseil légal, sur qui retombent votre ignorance des hommes et des choses humaines, vos erreurs, vos séductions, vos entraînements? Sur la nation, sur la société tout entière! sur trente-six millions d'hommes punis par vous d'avoir mis leur sort dans des mains d'enfants!

Y a-t-il comparaison possible entre le mal qu'une majorité civile prématurée peut causer à vous, et le mal qu'une majorité politique prématurée peut infliger à votre pays?

Non, la différence entre ces deux dangers est comme *un* est à *quarante millions*. La société républicaine a donc quarante millions de fois le droit d'exiger que l'âge de majorité politique soit fixé à une date de la vie plus haute et plus réfléchie que la majorité civile.

Il y aurait donc à discuter si, au premier rang des garanties morales attribuées au suffrage universel, la société ne pourrait pas demander la garantie d'âge de raison politique ou de 25 ans?

La fixation de cette date de la majorité politique à 25 ans aurait l'avantage encore de dégager presque entièrement la question difficile du vote de l'armée, puisqu'il n'y aurait plus alors qu'un cinquième de l'armée participant au suffrage.

CHAPITRE XXVII.

Une certaine instruction générale, l'obligation de savoir lire et écrire, l'injonction d'écrire soi-même son billet, est au nombre de ces garanties morales que la loi future pourra prescrire. On ne le peut pas aujourd'hui, parce que l'instruction n'a pas été déclarée encore gratuite et obligatoire, et que ce serait donner une exclusion rétroactive à la masse du peuple, qui n'a pas reçu ce qu'on lui demanderait; mais dans peu d'années la société républicaine serait en droit d'exiger cette garantie. L'instruction élémentaire est le *cens* spiritualiste du citoyen. Savoir lire et écrire, c'est savoir comprendre. La lumière fait partie de la moralité, l'intelligence est le *cautionnement* de l'électeur souverain.

CHAPITRE XXVIII.

Le mariage et le titre de père de famille en est un autre. Si la loi détermine vingt-cinq ans pour date de la majorité politique, il est raisonnable d'excepter de cette condition d'âge l'homme de vingt-un à vingt-cinq ans, marié et père de famille.

L'homme marié et chef de famille a dans ces deux titres des responsabilités, des solidarités, des gages, des garanties dans l'ordre social, bien supérieurs à ceux de l'homme célibataire, isolé, nomade, responsable de lui seul et à lui seul. La loi doit reconnaître cette vérité; elle doit tenir compte du titre de chef de famille, non-seulement dans le droit prématuré au suffrage universel pour l'élection du représentant, mais encore dans toutes les élections locales, municipales, spéciales, dont le régime républicain confère et multiplie l'obligation pour les citoyens. La famille est le gage vivant, la responsabilité suprême, la garantie en sentiments du cœur et de réflexion de l'homme. Quand on sait que du vote qu'on va porter dépend le sort de son père, de sa mère, de sa femme, de ses enfants, la main la plus légère prend du poids; toutes ces destinées confiées par la Providence y pèsent. Le citoyen délibère quatre fois avec lui-même avant de les engager par un vote d'étourderie, de passion ou d'entraînement. Le mariage conseille, la paternité mûrit. Un jour viendra, je n'en doute pas, où le père de famille aura autant de voix dans le suffrage qu'il y a de vieillards, de femmes et d'enfants à son foyer; car dans une société mieux faite, ce n'est pas l'individu, c'est la famille qui est l'unité permanente. L'individu passe, la famille reste. Le principe de la conservation sociale est là. On le développera pour donner à la démocratie autant de stabilité qu'à la monarchie.

CHAPITRE XXIX.

Enfin, le domicile est une de ces garanties toutes morales que la loi doit exiger, dans une certaine mesure raisonnable, du citoyen auquel elle confie l'exercice du suffrage universel. Cela se comprend.

Nous avons démontré que pour être un acte sérieux et moral, le suffrage universel avait besoin d'être éclairé. Comment le sera-t-il si des individus ou des masses d'individus nomades, arrivés la veille, s'en allant demain, séjournant quelques mois seulement dans le pays, sont appelés à choisir entre des candidats qui leur sont parfaitement inconnus et étrangers !

Nous avons démontré qu'il devait être vrai ! Comment le serait-il si ces masses d'individus nomades votent, non pas sur leur connaissance personnelle des candidats, mais sur la foi du premier venu, sur la foi du club ou du cabaret?

Nous avons démontré qu'il devait être consciencieux! — Comment le serait-il, puisque la conscience n'y serait pour rien, et qu'on recruterait ces électeurs, pour la fonction qui exige le discernement le plus réfléchi, comme on recrute des ouvriers sur la place?

Nous avons démontré enfin qu'il devait être responsable et donner des gages à la société, à la communauté! — Comment serait-il responsable et quels gages pourrait-il donner, puisque, une fois ce vote jeté dans l'urne, ces électeurs nomades peuvent disparaître du pays, comme des journaliers congédiés, et laisser au pays qu'ils quittent le poids de l'impôt, les conséquences de l'agitation, les calamités du désordre, la honte du choix qu'ils ont contribué à infliger au département?

Une certaine durée de domicile antérieure à l'élection, une certaine garantie de continuation de domicile après l'élection sont donc deux conditions justes, morales, nécessaires, que la loi doit exiger des citoyens pour la participation au suffrage universel.

CHAPITRE XXV.

§ Ier.

Cette condition d'une certaine durée de domicile avant, d'une certaine probabilité de domicile après, touche et ramène à la question du vote au chef-lieu, ou du vote au canton, ou du vote par circonscriptions de communes, ou, enfin, du vote à la commune.

§ II.

Un seul mot sur cette question. Il est évident qu'elle fait partie très-importante de l'organisation du suffrage universel; car si vous conférez au peuple un droit dans votre Constitution, mais que vous placiez ce droit à une si grande distance de la main du peuple qu'il lui soit impossible ou difficile d'y atteindre, vous vous jouez du peuple : votre Constitution est une dérision.

C'est ce qui avait lieu dans le système actuel du scrutin de liste, avant qu'on eût accordé la faculté insuffisante de voter par trois ou quatre sections de canton; mais c'est ce qui a lieu encore pour les campagnes et surtout pour les campagnes où les villages sont rares et les populations espacées.

§ III.

L'adoption du système que je présente supprime une partie de ces inconvénients, puisque ce système groupe cinquante mille âmes ou quinze mille électeurs seulement autour du centre électoral. Cependant il en laisserait subsister beaucoup encore, si la loi future ne s'occupait pas de rapprocher l'urne du scrutin de la main de l'électeur. Elle doit pour cela consacrer le principe du vote dans la commune, en admettant seulement des exceptions pour les communes trop peu nombreuses et trop peu responsables pour garantir la bonne exécution du vote.

Toutes les raisons ou plutôt tous les sophismes qui ont été produits contre le vote à la commune sont de la même nature posthume que les raisons et les prétextes produits pendant tant d'années contre l'élection à deux degrés. Ces raisons étaient bonnes quand il s'agissait d'exclure la masse et la volonté du peuple du suffrage, et de concentrer toute l'influence électorale dans la main d'une seule classe moyenne, gouvernant d'un geste un simulacre d'élection.

Il était bon alors de dépayser l'électeur de son milieu habituel, de son sol, de son clocher, de son village, de sa maison, de ses proches, pour l'enrôler au chef-lieu seul, déclassé, abandonné de ses influences naturelles sous l'inspiration et sous la domination absolue de quelques meneurs de chefs-lieux.

Quand la *restauration* voulut créer le double vote pour aristocratiser tout-à-fait l'élection, elle fit bien plus, elle institua le vote au chef-lieu du département; on venait de quarante lieues apporter son bulletin à l'urne, on retournait à quarante lieues retrouver son domicile. Qui pouvait faire impunément ainsi ces quatre-vingts lieues, si ce n'étaient les riches, les oisifs, les heureux de la terre? Ce qui était logique à la restauration voulant refaire une aristocratie, ce qui était logique au gouvernement de juillet voulant concentrer le gouvernement dans une oligarchie de classe intermédiaire, est absurde sous la République, qui doit vouloir organiser une démocratie, ou qui doit disparaître !

C'est le peuple entier que la République doit convoquer aujourd'hui au suffrage. Vous devez aller trouver le peuple où il est, c'est-à-dire dans ses ateliers, dans ses champs, dans ses églises, dans ses chaumières, dans ses hameaux, dans ses communes.

Ce n'est pas au peuple de venir chercher son droit, c'est au droit d'aller chercher le peuple.

Autrement, vous n'aurez pas le peuple, vous aurez son ombre, vous aurez son écume, vous aurez sa partie flottante et déclassée, sa démagogie enfin, ou bien vous n'aurez que son aristocratie locale.

Des deux côtés, danger.

Ébullition de la démocratie s'évaporant elle-même dans ses excès, ou suppression de la démocratie pour préparer une explosion de démagogie nouvelle. Le vote éloigné du peuple amène inévitablement un de ces deux résultats.

CHAPITRE XXXI.

Bien loin de vouloir éloigner l'urne du vote du citoyen, nous devons la rapprocher le plus possible. C'est le moyen d'obtenir deux choses :

La présence réelle du peuple à l'acte de sa souveraineté.

La moralité plus grande du peuple dans l'accomplissement de cet acte de sa souveraineté.

Nous devons instituer, sauf les exceptions indiquées, le vote à la commune. Nous devrions, selon moi, l'instituer, si cela était possible, au domicile. Nous devrions former, le jour du suffrage, un cortége légal composé du juge de paix, du magistrat local du bureau, présentant l'urne de porte en porte, et notant l'absence ou le refus de voter des citoyens indifférents à la patrie. Cette amende de honte suffirait pour contraindre tout citoyen qui se respecte à accomplir son premier devoir de souveraineté.

Tout ce qui dépayse l'homme l'expose à la séduction et le démoralise. Il y a mille fois plus de conscience au foyer, qu'il n'y en a sur la place publique; il y a plus de gravité et plus de réflexion aussi. Les murs du domicile protègent le citoyen contre les légèretés, les enivrements et les intimidations des grands rassemblements d'hommes. Il y a plus de responsabilité enfin. L'électeur qui se prépare à voter dans l'intérieur de sa famille, qui se consulte avec lui-même, avec son père, avec sa mère, avec sa femme, avec ses enfants, avec les hommes de sa connaissance et de sa confiance habituelle, vote plus devant Dieu, parce qu'il vote plus devant sa famille.

L'élection à domicile ferait tout un code de moralité dans l'élection. Elle sauverait, je n'en doute pas, et elle assainirait la démocratie.

Ne pouvant pas espérer de l'obtenir aujourd'hui, rapprochons-en nos institutions, en faisant exercer le suffrage universel par divisions électorales, et en plaçant le scrutin dans la commune, quand la Constitution nous permettra de réformer légalement et non révolutionnairement les défectuosités du vote actuel.

CHAPITRE XXXII.

Avec toutes ces garanties morales substituées aux garanties matérielles des anciens systèmes, le suffrage universel est organisé.

Il ne peut faire peur qu'à ceux qui ont peur de la vérité.

Il ne peut donner d'inquiétudes à personne, à moins qu'on ne suppose qu'un peuple libre, en âge de raison politique, enraciné dans la propriété, dans la famille, dans ses professions, marié, domicilié, votant sur ce qu'il connaît, réfléchissant trois ans avant de voter, votant tout entier, votant avec responsabilité, votant presque à domicile sous les yeux du père, de la femme, de l'enfant, de l'ami, du conseil, votera son propre suicide !

Quant à moi, je ne le crois pas, et la nature ne le croit pas elle-même, car elle a confié partout à l'homme le soin de sa propre conservation. Convoquez le genre humain et dépouillez le scrutin du genre humain, le dernier mot qui en sortira sera la vie, et non la mort de la société.

CHAPITRE XXXIII.

DE QUELQUES AUTRES AMÉLIORATIONS AU SYSTÈME DU SUFFRAGE UNIVERSEL.

La souveraineté du peuple ainsi organisée et personnifiée dans une assemblée souveraine, n'y a-t-il aucune amélioration constitutionnelle à apporter régulièrement et successivement à la constitution de la représentation nationale?

Je laisse ici de côté la question des deux chambres que j'ai traitée ailleurs; j'ai dit et je crois que c'est une question temporaire, une vérité de circonstance; que si deux chambres peuvent être un élément d'équilibre utile entre le pouvoir exécutif et le pouvoir législatif, quand la Constitution républicaine sera bien assise et quand nous serons entièrement sorti de la période révolutionnaire pour entrer dans la période définitive de gouvernement, une seule chambre était préférable pendant la première période de la République, parce que la dictature de l'Assemblée était souvent nécessaire alors pour faire face aux crises, et que la dictature partagée entre deux chambres n'était pas la dictature, mais l'anarchie.

Je pense encore de même pour un certain temps.

CHAPITRE XXXIV.

Mais l'Assemblée nationale législative doit-elle être en session et en délibération permanente, une fois le pouvoir exécutif constitué? Je n'hésite pas à répondre non.

Non, car l'Assemblée législative en permanence de délibération, est un signe d'urgence, de crise et de contention, qui donne aux temps calmes l'apparence et l'agitation des temps extraordinaires et des jours d'alarmes. Cette permanence, c'est le drapeau de la patrie en danger. La nation ne se rassure pas en présence de ce signe de défiance.

Non, car l'Assemblée législative, en permanence de délibération, tend les fibres de l'opinion, use les ressorts du gouvernement et s'use elle-même. L'intermittence du travail et du repos n'est pas seulement une loi politique, elle est une loi de la nature qui s'applique aux corps politiques aussi bien qu'aux individus. Le travail rend le repos indispensable, et le repos dispose de nouveau au travail. La lassitude prend au corps délibérant comme aux hommes; il ne faut pas l'attendre, car elle énerve l'intelligence et la volonté. Une assemblée qui délibère toujours finit par bavarder au lieu de discuter, et par languir au lieu d'agir.

Non, car les discussions d'une assemblée en permanence ou ennuient ou passionnent le pays; si elles ennuient le pays, il prend en dégoût sa représentation; si elles le passionnent, il prend en fureur ses opinions.

Les discussions politiques donnent une fièvre souvent utile à l'esprit public; mais si cette fièvre est continue, elle surexcite jusqu'au délire et jusqu'aux agitations séditieuses le peuple. Quel est l'homme qui subirait impunément des accès de fièvre répétés tous les vingt-quatre heures, pendant la durée de sa vie? Une nation n'est pas autre chose qu'un homme multiplié par quarante millions d'hommes semblables à lui. Un mauvais régime la tuerait aussi infailliblement qu'un mauvais régime tuerait un malade soumis à cette surexcitation continue des facultés humaines.

Non, enfin, car les ministres doivent assister aux sessions, aux commissions, aux séances du corps législatif, répondre à ses interpellations, prendre la parole dans ses discussions. Or, il est physiquement et moralement impossible que huit ou dix ministres assujettis à cette assiduité, à ce devoir, à cette tribune, à cette parole continue, puissent en même temps assister au conseil des ministres, aux conférences avec le président, et administrer et préparer les affaires de la nation.

Si le ministre est consciencieux et capable, ce régime le tuera en un an; s'il est négligent et incapable, ce régime tuera son administration.

Il est donc de toute nécessité que la représentation nationale, même sous la République, participe à cette loi universelle d'intermittence du travail et du repos, et que les sessions ne durent qu'une partie de l'année. Elle fera plus et elle agitera moins.

La loi électorale doit lui donner la faculté et même l'obligation de se proroger au moins quatre ou cinq mois par année, sauf les cas d'urgence dont elle sera elle-même juge, et sauf la permanence muette d'une commission représentative, chargée d'assister à sa place au gouvernement, et de la convoquer s'il y a crise.

CHAPITRE XXXV.

Une dernière amélioration est indispensable au sens régulier de notre système représentatif, et je ne puis comprendre qu'elle ait échappé à la sagesse et à la prévision des hommes consommés qui ont rédigé notre Constitution.

C'est la solution du conflit qui s'élèverait entre le président de la République et l'Assemblée nationale législative.

Comprend-on un président responsable de république, l'élu temporaire d'un peuple pour l'exécution de ses lois, en lutte avec une représentation nationale élue aussi par ce même peuple?

Comprend-on que ce président responsable se soumette, contre son opinion propre, contre sa conscience, contre sa volonté, à faire exécuter en silence pendant cinq ou six ans les volontés d'une assemblée en opposition avec toutes les siennes, et qu'il continue néanmoins à rester responsable de ce qu'il n'a fait que comme contraint et forcé par cette représentation?

Comprend-on un président de République dans une pareille impasse, tenu de nommer pour ses ministres ses plus cruels ennemis, et de revêtir de la présence de sa signature, de sa sanction, des actes inspirés par la haine ou par l'animadversion qu'on lui porte!

Le comprend-on ensuite, après ou pendant sa présidence, mis en accusation par la nation, et condamné pour avoir sanctionné ce qu'il ne lui était pas permis de discuter!

Où sera sa dignité? Où sera sa liberté? Et s'il n'y a pas de liberté, où sera sa responsabilité?

Un enfant rougirait d'une si puérile contradiction entre la situation et le devoir, entre le titre et le rôle, entre la liberté et la responsabilité. Un grand peuple ne peut laisser subsister en permanence un tel conflit ou un tel avilissement de son pouvoir dans sa constitution représentative. Tous les rouages doivent fonctionner sans froissement possible dans le mécanisme d'un gouvernement.

Il n'y a que trois issues à ce conflit s'il se présente, et tout se présente dans la durée de la vie d'un peuple.

Ou la démission du président de la République.

Ou sa destitution par l'Assemblée nationale.

Ou la dissolution de l'Assemblée nationale par le président et l'appel au peuple par une nouvelle élection.

Examinons-les toutes les trois.

CHAPITRE XXXVI.

La démission du président est sans doute un moyen apparent de vider le conflit, mais ce moyen est une extrémité suprême dont il serait très-dangereux d'user souvent. On le comprend.

L'élection d'un président de la République est quelque chose d'infiniment plus dangereux pour la paix publique que l'élection de l'Assemblée législative par le pays.

Pourquoi? parce que, dans l'élection de l'Assemblée législative, les opinions, les partis, les factions se fractionnent en sept cent cinquante brigues, cabales, candidatures qui correspondent à sept cent cinquante centres d'action à peu près isolés les uns des autres, dans lesquels chacun de ces centres ainsi subdivisés d'opinions espère avoir la victoire sur l'opinion opposée, ou ne se croit nullement frappé à mort, si elle est vaincue, espérant se relever ailleurs.

Dans l'élection du président de la République, au contraire, la nation électorale se divise en deux grandes factions ou tout au plus en trois, rangées en bataille sous deux drapeaux et sous deux noms divers, comme pour la guerre. De cette séparation de la nation électorale en deux camps, en deux drapeaux, en deux factions, à la guerre, en effet, il n'y a souvent que l'étincelle. C'est là une situation tendue, armée, irritée, qu'il ne faut ni prolonger ni renouveler souvent pour la concorde des esprits dans un peuple.

Si, par un vice de votre Constitution, vous tentez ou vous forcez le président de la République à chercher sa dignité dans sa démission, vous exposez le pays à des accès d'agitation et à des interrègnes de pouvoir exécutif mortels à la République elle-même. La République ne survivrait pas, dans la considération du peuple et dans le respect de l'étranger, à trois ou quatre démissions électives ou réélections de président, coup sur coup, comme vous y êtes exposés par cette lacune de prudence dans votre loi actuelle.

CHAPITRE XVII.

La destitution du président par l'Assemblée ?

C'est tout simplement le renversement de la Constitution républicaine actuelle, Constitution où le pouvoir exécutif a été sagement séparé du pouvoir législatif, Constitution tempérée et pondérée comme un gouvernement, et non violente et immodérée comme une révolution. Ce serait le retour à la Convention. Ce serait, de plus, le détrônement du peuple par l'Assemblée; car la Constitution, en cela vérita-

blement et fortement populaire, a dit au peuple :
« Vous avez, sous la République, deux forces à faire
» sortir de vous, pour vous gouverner : la pensée et
» l'action.

» La pensée, c'est votre Assemblée nationale.

» L'action, c'est votre pouvoir exécutif : le prési-
» dent.

» Vous les nommerez directement l'un et l'autre,
» de peur que l'un des deux ne se prétende plus
» national et plus omnipotent que l'autre. »

Et ainsi a été donnée au peuple la nomination
du président.

Que deviendrait cette nomination, cette volonté
personnifiée du peuple dans le président, si l'Assemblée nationale s'attribuait le droit de destituer le président ? Ce serait bien pis que le *veto* de Louis XVI, usurpé contre la souveraineté du peuple par l'Assemblée législative ; ce serait la volonté personnifiée du peuple nommé par la nation pour être le jouet de l'Assemblée. Votre République à deux pouvoirs n'en aurait plus qu'un, et ce pouvoir serait la tyrannie parlementaire. Elle appellerait en six mois un autre Cromwell.

CHAPITRE XVVIII.

Il faut donc trouver une autre issue : je n'en connais qu'une :

Le jugement du conflit entre le président et l'Assemblée renvoyé au peuple par l'élection de celui des deux pouvoirs qui présente le moins de danger de guerre civile au pays, et qui ne laisse point d'interrègne dans le gouvernement.

Nous avons vu que c'était l'élection de l'Assemblée nationale.

La loi à intervenir doit donc, selon moi, conférer avec mesure et prudence, pour les cas extrêmes, la faculté de faire appel au peuple par la dissolution et par la réélection immédiate de l'Assemblée nationale législative.

Cette faculté extrême attribuée au président de la République doit-elle être illimitée? Non, car le président pouvant dissoudre sans limites, appellerait ainsi de l'appel contre l'appel, et serait roi temporaire, maître de l'Assemblée.

Mais la loi doit donner cette faculté extrême au président une fois seulement pendant la durée de sa présidence. Prérogative du pouvoir exécutif qui, une fois exercée, se brise entre ses mains et cesse d'exister.

La seule attribution d'une pareille faculté au président de la République prévient le conflit, car l'Assemblée réfléchit qu'il peut en user contre elle. C'est un bouclier de *Damoclès* suspendu sur l'inviolabilité du pouvoir exécutif contre les caprices et les exigences des assemblées.

Si le conflit néanmoins s'élève et qu'il dure un an, le président se prépare à user de son droit; il avertit trois mois d'avance; si l'harmonie ne se rétablit pas, il dissout. C'est l'appel régulier au peuple.

Si l'appel au peuple donne raison et majorité au président, le président reste et continue à régir le gouvernement.

Si l'appel au peuple donne tort et minorité au président, le président condamné se retire.

Ainsi est vidé le conflit à conditions égales d'obéissance à la volonté du peuple dans les deux pouvoirs.

La constitution reprend son harmonie, et le concours est rétabli.

CHAPITRE XXXIX.

Telles sont les principales modifications qui nous paraissent nécessaires à méditer sur l'organisation du suffrage universel, lorsque l'époque fixée pour la révision de la Constitution ou de la loi électorale. aura sonné. Nous les livrons d'avance à la réflexion du peuple et à l'appréciation des sages républicains.

Nous demeurons convaincu que ces simples modifications enlèveront au suffrage universel toutes ses agitations, tous ses dangers, tous ses hasards, et donneront à l'exercice de la souveraineté rationnelle du peuple, autant de simplicité, de clarté et de régularité qu'à l'exercice d'aucune autre souveraineté sur la terre.

La démocratie sera organisée dans son pouvoir représentatif.

Dans la seconde partie de ces questions constitutionnelles, nous traiterons de l'organisation de son pouvoir exécutif.

La République démocratique et conservatrice est un problème posé depuis des siècles devant l'esprit humain.

Si le peuple de 1852 médite et adopte ces conseils de modération et de sagesse, ce problème sera résolu enfin par le peuple français.

FIN DU VOLUME.

TABLE DES MATIÈRES

CONTENUES DANS LE VOLUME

LE PASSÉ, LE PRÉSENT, L'AVENIR DE LA RÉPUBLIQUE.

Première partie. — Livre Ier. = CHAPITRE Ier.

Introduction.	1
Politique générale.	4

Chap. II.

Des différences essentielles entre la République de 1793 et la République de 1848.	10

Chap. III.

Pourquoi la République est-elle appelée Démocratique et pourquoi ne l'appelle-t-on pas Sociale? — Ou du vrai et du faux socialisme.	17

Chap. IV, V, VI, VII, VIII et IX.

De l'intérieur. — Des principaux partis qui existent en France, et des dangers que ces partis peuvent faire courir au pays.	32

Livre IIe. — CHAPITRE Ier, II et III.

Situation de la République à l'extérieur.	68

Chap. IV.

I. — Des finances de la République.	101
II. — La fortune publique.	102

Chap. V.

De l'impôt.	108

Chap. VI, VII, VIII et IX.

Qu'est-ce que l'impôt?	110

Chap. X.

De l'impôt progressif.	139

Livre III.

DE LA RESTITUTION DE L'IMPÔT DES QUARANTE-CINQ CENTIMES.

Chap. Ier.

Ingratitude des riches. — Folie des pauvres. — Illusion pour tous.	143

Chap. II et III.

La restitution du milliard des émigrés.	150

Chap. IV, V, VI, VII et VIII.

L'impôt sur le revenu.	164

Chap. IX.

Conclusion.	181

TABLE DES MATIÈRES.

Deuxième partie. — Livre IVe.

DE L'ORGANISATION DU SUFFRAGE UNIVERSEL.

CHAPITRE PREMIER.
Considérations préliminaires.................. 183

CHAP. II.
Du principe du suffrage universel............... 188

CHAP. III.
Du titre en vertu duquel le citoyen participe au suffrage universel. 190

CHAP. IV.
Du signe du droit au suffrage universel............ 191

CHAP. V.
Quels étaient les inconvénients du cens exigé par les anciennes démocraties pour exercer le droit électoral............ 194

CHAP. VI.
Où trouver le gage et la garantie actuels du suffrage universel?.. 198

CHAP. VII.
Des deux modes de suffrage universel.............. 199

CHAP. VIII.
Du suffrage direct........................... 200

CHAP. IX.
Du suffrage universel indirect, ou de l'élection à deux degrés.... 203

CHAP. X.
De la nature, des avantages et des inconvénients du suffrage universel à deux degrés.......................... 205

CHAP. XI.
Objections contre ce système.................... 209

CHAP. XII, XIII, ET XIV.
En quoi et comment le peuple est-il dépossédé par l'élection à deux degrés................................. 212

CHAP. XV ET XVI.
De la première amélioration à apporter au suffrage universel, et d'abord à la suppression du scrutin de liste............ 216

CHAP. XVII, XVIII ET XIX.
Toute puissance de la minorité par le scrutin de liste....... 225

CHAP. XX.
Du vrai système temporaire d'élection à expérimenter....... 232

CHAP. XXI ET XXII.
Du vote par circonscription de population............ 233

CHAP. XXIII, XXIV, XXV, XXVI, XXVII, XXVIII, XXIX, XXX, XXXI ET XXXII.
Autres avantages du système par divisions électorales....... 237

CHAP. XXXIII, XXXIV, XXXV, XXXVI, XXXVII, XXXVIII ET XXXIX.
De quelques autres améliorations au système du suffrage universel. 256

FIN DE LA TABLE.

www.ingramcontent.com/pod-product-compliance
Lightning Source LLC
Chambersburg PA
CBHW050657170426
43200CB00008B/1320